Jürgen Dittberner

Erinnerungen an die '68er: Damals in Dahlem

Zwischen 1945 und 2020

In Memoriam

Otto Stammer

Horst Bosetzky

Jürgen Dittberner

ERINNERUNGEN AN DIE '68ER: DAMALS IN DAHLEM

Zwischen 1945 und 2020

Edition Noëma

Bibliografische Information der Deutschen Nationalbibliothek
Die Deutsche Nationalbibliothek verzeichnet diese Publikation in der Deutschen Nationalbibliografie; detaillierte bibliografische Daten sind im Internet über http://dnb.d-nb.de abrufbar.

Bibliographic information published by the Deutsche Nationalbibliothek
Die Deutsche Nationalbibliothek lists this publication in the Deutsche Nationalbibliografie; detailed bibliographic data are available in the Internet at http://dnb.d-nb.de.

Coverabbildung: Fotograf: Armin Kübelbeck via Wikimedia Commons.
Lizenziert unter: CC-BY-SA 3.0
(s. https://creativecommons.org/licenses/by-sa/3.0/)

ISBN-13: 978-3-8382-1605-8
Edition Noëma

Printed in the EU

INHALT

Vorwort **11**

1. Politische Kultur in Deutschland **15**

Demokratische Kultur nach der Diktatur *17*
Rückgriff auf Weimar *18*
Skeptische Generation *20*
Paradigmenwechsel: APO und 68er *21*
Sozial-liberal *27*
Geistig-moralische Wende *29*
Deutsche Einheit *32*
Rot-Grün *34*
Die Ära Merkel *36*

2. Vorher **41**

Noch Krieg *42*
Er wäre so gerne den Hitlerjungen gefolgt 42
Der junge Mann ist tot 43
Mottenkugeln in der Kaserne 44
Abgeholt 44
Budapest 45
Der Krieg ist verloren 45
Alle tot 45
Panzersperren 46
Nachkriegszeit *47*
Du Straße fegen 47
Es waren Polen 48
Das gibt's nur einmal 48

Da sitzt Du nun, Du Herrenmensch! 49
Neues Deutschland 50
Ordnung kehrte ein 51
Der Vater 52
Ihr Völker der Welt 53
Kriminalpolizei 54
Uniformträger 55
Guten Abend, drüben in Deutschland 55
Ich bete an die Macht der Liebe 57
Pieck ist doof 58
Frieden 59
Frisch, fromm, fröhlich, frei 59
Minister in der Lüneburger Heide 60
Berliner Schülerparlament 61
Junge Presse Berlin 61
Der SS-Staat 62
Die Fichte ist unser Weihnachtsbaum 63
Karl Marx und AKI 63
Gottseidank im Westen 64

3. Dahlem 65
Nach Dahlem 67
Werkstudentenzeit 68
Er war betrunken 68
Bück' dir doch nicht 69
Das Wirtschaftswunder 71
Dahlem: Das deutsche Oxford 72
Freie Universität (FU) 72
An der FU 74
Feierliche Immatrikulation 74

Darf ich Sie einladen? 75
Schwarz, nicht rot 76
Das Geld der Kommilitonen 77
Fackelzug für den Professor 78
Revolutionäre FU *79*
Dutschke in der U-Bahn und im Seminar 79
Die „Keimzelle“ 83
Morgen werden Scheiben bei Springer klirren 84
Wenn Ihr das nicht kapiert, liegt das an Eurer bürgerlichen Herkunft 85
Wie die Nazis? 86
Vollversammlung an der FU 87
Rote Fahne aus Bettzeug 88
Kein ausreichendes revolutionäres Bewusstsein beim Berufskollegen 90
Einschusslöcher 90
Benno Ohnesorg 92
Arbeitskreis *93*
Was hat der Struve wieder gesagt? 93
Ich hab' sogar promoviert 94
Hätte ich Bundeskanzler werden wollen, wäre ich nicht zur FDP gegangen 95
Wo sind die Revolutionäre? 96
Keine grundlegende Gesellschaftsanalyse 97
Universitätsleben *98*
Der 10er Bus 98
Und was machen Sie nachts? 99
Ernst Deutsch darf nuscheln 100
Alles, nur nicht Wöhe 101
VWL und Erbsensuppe 102

Chi-Quadrat und Summe der natürlichen Zahlen 103
Da gibt's nichts zum Lachen 104
Prüfungen 105
Der Professor hat keinen Sekt da 105
Rigorosum als Kaffeekränzchen 108
Rundherum...109
Ein internationales Ass 109
Fischbuletten, Zigaretten und CDU-Unterlagen 110
Landeskind des Freistaates.. 111
Fahren Sie bloß keinen Renault.................................... 112
Gesine Schwan und das OSI 115
RIAS-Jammerchor... 116
Abgebürstet 117
An der FU kann man offensichtlich sogar studieren... 117
Die sind alle geschult... 118
Der Republikanische Club.. 119
Kurras... 120

4. Münster 127
Wiedertäufer im Käfig 127
Sie sind mir in meinem Seminar willkommen!........... 128
Der alte Teppich 129
Die Herren von der Universität.................................... 130

5. Hamburg 131
Brüder und Schwestern aus dem anderen
Deutschland... 132
Beaujolais.. 132
Spiejel hin und Spiejel her 133
Ruhe an der Elbe.. 134

Heimlich altväterlich ... 134
Neue Ostpolitik ... 135
Fontane am Dammtor ... 137

6. Nachher ... 139
Vermarktung der 68er ... 140
Westerwelle und die 68er ... 144
Auschwitz ... 145
Leistung, Gleichheit und Freiheit ... 149
Drittelparität ... 149
Studium Generale passé ... 150
Marsch durch die Institutionen ... 150
VIP-Demokratie ... 151
Etwas komplizierter ... 155
Political Correctness und 68er ... 158
Die Antinazis ... 160
Ändert sich die Welt? ... 164
Don't touch the colours ... 167
Pandemie ... 169
Dahlem als Epizentrum im Westen ... 171
Evaluation und Abwicklung ... 172
Dahlem-Dorf und Currywurst ... 173

Vorwort

Mein Freund Horst Bosetzky – also der Krimiautor „-ky“ – hatte kurz vor seinem Tode vorgeschlagen, dass wir gemeinsam ein Buch mit dem Titel „Damals in Dahlem“ publizieren sollten. Das Projekt war vielversprechend. Beide hatten wir in der wilden Zeit um das Jahr 1968 an der Freien Universität Berlin in Dahlem studiert. Beide hatten wir bei unserem verehrten Doktorvater Otto Stammer zugleich promoviert.

Leider habe ich dieses Buch nun allein schreiben müssen.

Damals in Dahlem ging es bürgerlich und revolutionär zugleich zu. Das Bürgerliche hatte uns dort hingeführt. Wir waren als Kriegs- und Nachkriegskinder stolz drauf, es auf die Universität geschafft zu haben. Auch das dort vorgefundene Revolutionäre verlockte uns. Welch eine Gaudi war es, Repräsentanten des politischen Systems als Spottfiguren studentischer Ansammlungen zu erleben! Welche Einblicke in die Psychologie akademischen Gehabes gewährte es, mit „Go“- oder „Sit-Ins“ in altehrwürdige Institutionen einzubrechen und Koryphäen zu albernem Gebaren zu provozieren.

Aber bei allem Lustempfinden:

Die Moral und die Lebensumstände verlangten und erforderten, dass ordentlich studiert wurde. Wir absolvierten Vor- und Zwischenprüfungen, besuchten Vorlesungen, Übungen und Seminare, erwarben Diplom-, Promotions- und Habilitationsurkunden. Die Universität war schließlich zum Studieren da. Und in den Ohren klangen die Worte der Eltern: „Ihr sollt es mal besser haben als wir!" wie die Mahnung: „Strengt Euch an! Wir bezahlen schließlich alles!"

Für uns Söhne „kleiner" Beamter aus den Arbeiterbezirken Neukölln und Spandau in Berlin war es ein erheblicher sozialer Aufstieg, an der Freien Universität im vornehmen Dahlem immatrikuliert zu werden. Wir beide waren in den Krieg hinein geboren worden, hatten dessen Sieger kennen gelernt, in Ruinen gespielt, die Spaltung unserer Heimatstadt und unseres Landes erlebt, den Mauerbau und deren Abriss verfolgt, den aufkommenden Wohlstand genossen und waren schließlich überzeugt, dass unser „Westen" – in dem wir nun lebten – gut, der „Osten" aber böse war. Nach dem besiegten Nationalsozialismus erschien der Kommunismus als das bekämpfenswerte totalitäre Regime der Zeit.

An der Universität lernten wir, dass hinter dem Kommunismus seriöse Gesellschaftsanalyse steckte. Wir trafen sogar mit Kommilitonen zusammen, die Defizite des „Wohlstands-Westens" entdeckten – „entlarvten", wie diese Kommilitonen formulierten. Als Studenten entwickelten wir das Gefühl, dass sich auch im „Westen" vieles – vielleicht sogar alles – ändern und verbessern ließe.

Die Welt schien gestaltbar zu sein. Da wollten wir Beamtensöhne nicht nur begreifen, was die Welt zusammenhält; wir wollten diese Welt auch aus den Angeln heben können. Also studierten wir, was das Zeug hielt, damit das gelingen könnte.

Hinterher geschah viel: Ein amerikanischer Präsident wurde ermordet, der Westen entwickelte Züge einer Klassengesellschaft, Muslime versetzten den USA einen Hieb, der Ost-

West-Gegensatz löste sich auf und Deutschland wurde mit Berlin als Hauptstadt wiedervereint, Europa versuchte, Weltmacht zu werden. Kriege brachen allenthalben aus. Es setzte eine globale Völkerwanderung von Süd nach Nord und von Ost nach West ein. Schließlich beendeten Klimawandel und Pandemie die Träume von der Machbarkeit der Welt.

„68“ war zuvor vermarktet worden. Es wurde idealisiert, es wurde verfälscht. Als selbstverständlich aber wurde ein für alle Mal erachtet, dass Regeln Inhalte brauchen, um anerkannt zu werden.

Die Zeit damals in Dahlen war eine historische Episode, in der es schien, als hätten die Menschen es in der Hand, die Welt nach ihrem Gusto zu gestalten. Doch mittlerweile wissen wir: Unser Einfluss auf den Lauf der Welt ist gering.

Ich danke meiner lieben Elke für die mannigfache Hilfe beim Erstellen dieses Buches, für Hinweise und Ratschläge. Meiner Enkeltochter Luna Dittberner danke ich für manchen Tipp beim Umgang mit dem Computer.

Berlin 2021, Jürgen Dittberner

1. Politische Kultur in Deutschland

„Politische Kultur“ ist ein Sammelbegriff für die politischen Institutionen und Werthaltungen in einem Gemeinwesen, sofern diese für die Politik relevant sind. Jedes politische System hat eine politische Kultur – gleichgültig, ob es sich um eine Dynastie, eine Diktatur oder einen Rechtsstaat handelt.

In westlichen Gesellschaften wird eine politische Kultur, in der Menschenrechte, Demokratie, Wohlstand und Stabilität geachtet und infolgedessen angestrebt werden, positiv bewertet. Immer wieder, so nach dem Sturm auf den amerikanischen Kongress am 6. Januar 2021, wird die Gefährdung einzelner politischer Kulturen beschworen.

Die Bundesrepublik Deutschland hat sich seit ihrer Gründung nach dem 2. Weltkrieg immer wieder gewandelt. In der „Ära Adenauer“ wurde der aus den drei westlichen Besatzungszonen geschaffene neue Staat mit Bonn als Hauptstadt in die westliche Welt integriert. Diese „Westintegration“ Konrad Adenauers ging einher mit dem „Wirtschaftswunder“ Ludwig Erhards, das zunehmenden Wohlstand brachte.

Mit dem Bau der Mauer wurde ein tiefgehender und globaler Ost-West-Gegensatz manifestiert.

In der sozial-liberalen Zeit wurde unter Willy Brandt und Walter Scheel eine „neue Ostpolitik“ eingeleitet, die eine Entspannung zwischen den verfestigten Blöcken im Kalten Krieg zwischen Ost und West bewirkte.

Die von den Universitäten ausgehende APO verknüpfte die bislang vorwiegend formelle Demokratie mit inhaltlichen, oft auch immateriellen Werten wie Freiheit und Gerechtigkeit.

In der „Ära Kohl“ dann wurde der Prozess der europäischen Integration vom Bundeskanzler vorangetrieben.

Die „deutsche Vereinigung“ verstärkte zwar das internationale Gewicht der Bundesrepublik, bereitete dem größeren Staat mit der nunmehrigen Hauptstadt Berlin im Innern aber Integrationsprobleme.

Unter Gerhard Schröder als Bundeskanzler wurde der deutsche Arbeitsmarkt durch die „Hartz-Reformen“ modernisiert, und die Arbeitslosenzahlen sanken. Gleichzeitig emanzipierte sich die Bundesrepublik von der Vormacht USA und verweigerte die Teilnahme am Irak-Krieg.

Die CDU-Bundeskanzlerin Angela Merkel sozialdemokratisierte das Land. Der Kampf gegen den Klimawandel wurde Staatsziel, der Atomstrom geächtet, die Massenintegration geflüchteter Ausländer gefördert.

Die Corona-Krise schließlich beendete den rasanten Aufstieg des Landes. Wann die Krise enden wird, ob an Altes angeknüpft werden kann, weiß niemand.

Demokratische Kultur nach der Diktatur

Es stellte sich für westliche Beobachter nach dem 2. Weltkrieg die Frage, ob in Westdeutschland auf die Diktatur des Nationalsozialismus eine demokratisch politische Kultur folgen könnte. In international vergleichenden Studien wurde die politische Kultur in der Ära Adenauer empirisch untersucht.[1] Dabei kam heraus, dass die Bürger der Bundesrepublik die Demokratie zwar mittrugen, aber gewisse autoritäre Einstellungen aufwiesen. Diese Einstellungen bezogen sich vor allem auf den Staat („Vater Staat") und waren wohl auch der Grund dafür, dass eine Persönlichkeit wie Konrad Adenauer als Kanzler eine dominante politische Stellung einnehmen konnte.

Erstaunlich ist, dass das positive Verhältnis zum Staat den Nationalsozialismus überdauert hatte. Dass es den Nationalsozialismus gegeben hatte, ist auch eine Folge eines in Deutschland tief verwurzelten Vertrauens in den Staat, der seine Rolle selbst dann behielt, wenn er zerstörerisch und verbrecherisch agierte. „Staat bleibt Staat!" – wenn auch die Inhalte radikal wechseln. So konnte beispielsweise für das Berufsbeamtentum eine Kontinuität geschaffen werden, die sich von der Weimarer Republik über den Hitler-Staat bis in die Bundesrepublik fortsetzte.

Es ist bekannt, dass im angelsächsischen Denken, besonders in den USA, der Staat diese Rolle niemals hatte, sondern eher als mächtiger, oft lästiger, Akteur im Interessenwettstreit

1 Gabriel Almod / Sidney Verba, The Ciciv Culture. Political Attitudes and Democracy in Five Nations, Princeton 1963

zwischen privaten und öffentlichen Ansprüchen erschien. „Uncle Sam" sorgte nie für Wohl und Wehe der Seinen; er war kein Protektor, sondern ein Fordernder, ein Interventionist.

Der Hinweis auf das „staatsgläubige" Denken der deutschen Demokraten sollte nicht als Abwertung einer reifen demokratischen Kultur verstanden werden, sondern als hinnehmbarer Unterschied. Denn es ist eine Gefahr von Analysen politischer Kultur aus US-amerikanischer Sicht, dass „anders" oft als „weniger entwickelt" verstanden wird.

Rückgriff auf Weimar

Dass die Bundesrepublik nach 1945 umschalten konnte auf den Zustand einer bürgerlich-demokratischen politischen Kultur, ist nicht primär eine Folge der „Re-Education"-Bemühungen der alliierten Sieger, sondern ein schlichter Rückgriff auf die – allerdings etatistische – politische Kultur der Weimarer Republik. Wieder gegründet wurden die Weimarer Parteien. Die Union (CDU und CSU) rekurrierte auf dem alten Zentrum, der konservativen DNVP und einigen Liberalen. Die SPD erstand erneut, und die FDP knüpfte an die Parteien DDP und DVP an. Der Föderalismus war das A und O des staatlichen Neubeginns. Für seine Repräsentanz wurde die deutsche Bundesrats- und nicht die amerikanische Senatslösung gewählt.

Aus dem Reichs- wurde der Bundeskanzler – dieser allerdings mit alleiniger Verantwortung gegenüber dem Parlament, mit der Richtlinienkompetenz und der Abwahlmöglichkeit nur über ein konstruktives Misstrauensvotum gestärkt. Der Bundespräsident wurde zum obersten Notar der Republik, gewählt von einer Bundesversammlung und nicht direkt durch das Volk. Einen „Ersatzkaiser“ sollte es nicht geben. Aus der Erfahrung heraus, dass der Rechtsstaat von Weimar, ohne juristisch aufgehalten zu werden, in eine Führerdiktatur übergleiten konnte, wurde das Bundesverfassungsgericht kreiert. Es hatte sich lange Zeit als „Hüter der Verfassung“ bewährt.[2]

Zwar waren die Millionen von Mitgliedern der NSDAP 1945 von einem Tag auf den anderen wie in Luft aufgelöst; die NS-Ideen von Führerstaat, die Eroberungslust, die Rassenüberheblichkeit und der Judenhass jedoch steckten weiterhin in vielen Köpfen. Aber diese Einstellungen waren nun tabuisiert. Wo sie hochkamen wie bei der rechtsextremen SRP, bei Teilen der AfD, ging der Staat mit Parteienverboten oder politischen Gegenstrategien vor. Nazireden verstießen gegen den öffentlichen Konsens. Das begriffen die meisten schnell. Im vorpolitischen Alltag aber – in Familienkreisen etwa – waren sie noch gewärtig:

„Hitler war gar nicht so schlecht; er hätte nur nicht mit den Juden anfangen sollen. – Um die Autobahnen beneidet uns heute die ganze Welt. – Der ‚Ami‘ hätte 1945 mit uns weiter nach Osten gegen den ‚Iwan‘ gehen sollen. – Die Juden waren selbst schuld: Sie haben sich vor 1933 eben zu sehr nach vorne gedrängt.“:

Solche Reden waren im „privaten Rahmen“ oft zu hören.

---

2 Dass die Demokratie sich in Deutschland nach 1945 stabil entwickelte, hatte also damit zu tun, dass man an eine im Lande vorhanden gewesene Kultur, auch wenn sie brutal zerstört worden war, anknüpfen konnte: -personell und institutionell. Bei ihrem Einmarsch im Irak verwiesen die Amerikaner später gerne auf das „erfolgreiche“ Modell Deutschland und unterschätzten dabei, dass es im Irak derartige Vorgängerkulturen gar nicht gegeben hatte.

Skeptische Generation

In der offiziellen Politik war dergleichen jedoch verpönt. Die Legitimität des demokratischen politischen Systems in der „Ära Adenauer“ wurde vor allem durch das „Wirtschaftswunder“ fundamentiert. Die durch Krieg und Niederlage ausgezehrten Menschen stürzten sich in die Arbeitsprozesse, schufen materielle Werte wie Lebensmittel, Kühlschränke, Autos und Fernseher, nach denen sie lechzten und die sie so haben wollten wie im bewunderten vermeintlichen Paradies auf Erden: wie in „Amerika“ – wie in den USA.

Die Masse der Bevölkerung gab sich dem Schaffen und Konsumieren hin. Nach den Heilsparolen des untergegangenen Regimes begehrte sie Diesseitiges. Die junge „skeptische Generation“[3] wollte von Ideen nichts mehr hören und sich mit Gütern beglücken.

Die Politiker rekrutierten sich aus zwei Generationen: Die alten Politiker der Weimarer Zeit übernahmen zunächst die Führung: Konrad Adenauer, Theodor Heuß, Kurt Schumacher und andere. Zu ihnen gesellten sich um ihre Jugend betrogene Frontsoldaten und Flakhelfer: Helmut Schmidt, Franz Josef Strauß, Rainer Barzel oder Hans-Dietrich Genscher. Diese hatten Lebenserfahrungen, und darauf basierend klare politische Ziele: Niemals mehr sollte die Demokratie von einer Diktatur oder von hochfahrenden Visionen verdrängt werden können:

---

[3] Helmut Schelsky, Die skeptische Generation. Eine Soziologie der deutschen Jugend, Düsseldorf-Köln 1963

„Misstrauisch gegenüber Utopien und großen weltanschaulichen Würfen, betrieben sie Politik nüchtern und pragmatisch.“[4]

Einer von ihnen war auch Rudolf Augstein, Gründer und Herausgeber des „Spiegels“. Er wuchs mit seinem Magazin zum Symbol der zivilen demokratischen Distanz zum allzu oft nur formalen Rechtsstaat der „Ära Adenauer“ heran. Damit lebte Augstein besonders der studentischen Jugend zu Beginn des 60er Jahre eine an den Menschenrechten orientierte demokratische Kultur vor. In die gleiche Richtung gingen Wirkungen der Spruchpraxis des Bundesverfassungsgerichtes wie im Falle des „Fernsehurteils“ vom 28. Februar 1961, das ein von Konrad Adenauer gewolltes kommerzielles Staatsfernsehen („Deutschland Fernsehen GmbH“) stoppte. Stattdessen nahm am 1. April 1963 neben dem von der „ARD“ („Arbeitsgemeinschaft der öffentlich-rechtlichen Rundfunkanstalten der Bundesrepublik Deutschland“) ausgestrahlten Fernsehen eine zweite öffentlich-rechtliche Anstalt, das „ZDF“ („Zweites Deutsches Fernsehen“), Sendebetrieb auf.

Paradigmenwechsel: APO und 68er

Augstein und die „Spiegel“-Affäre wurden zum Katalysator für einen Paradigmenwechsel der politischen Kultur der Bundesrepublik: Auf Weisung der Bundesanwaltschaft wurden in der Nacht vom 26. auf den 27. Oktober 1962 die Redaktionsräume

---

4 Jürgen Leinemann, Höhenrausch. Die wirklichkeitsleere Welt der Politiker, München 2004, S. 128

des Nachrichtenmagazins durchsucht. Anlass war eine vermeintlich die Sicherheit der Bundesrepublik gefährdende Veröffentlichung über das NATO-Manöver „Fallex 62". Die Durchsuchung, die Festnahme von Journalisten und die harte Haltung Adenauers („Ein Abgrund von Landesverrat") sowie seines Verteidigungsministers Franz Josef Strauß brachten eine intellektuelle und linksbürgerliche Öffentlichkeit gegen die Bundesregierung und die reaktionär erscheinende Union auf. Der Verteidigungsminister musste demissionieren, und am 19. November 1962 zog die FDP ihre Bundesminister aus dem Kabinett zurück.[5]

Rudolf Augstein wurde zum Helden der Hörsäle der Bundesrepublik. „Rudi" war für die studentische Generation das Idol der Zeit. Durch ihn war deutlich geworden, dass die formal-demokratischen Strukturen des Staates in der Ära Adenauer inhaltlich angereichert werden müssten durch ein materielles Verständnis von Demokratie als Verhaltensnorm der Bürger und des gesamten Staatsapparates. So führte ein direkter Weg von der „Spiegel"-Affäre hin zur Regierungserklärung des 1969 gewählten sozialdemokratischen Bundeskanzlers Willy Brandt, der seine innenpolitischen Ambitionen auf die Formel brachte: „Mehr Demokratie wagen".

Nach der Erkenntnis, dass eine lebendige Demokratie nicht nur Strukturen wie allgemeine Wahlen und daraus hervorgehende Parlamente braucht, sondern auch eine unabhängige Justiz und eine wirklich freie Presse, setzte sich in der studenti-

---

5 Jürgen Dittberner, Sind die Parteien noch zu retten? Die deutschen Parteien: Entwicklungen, Defizite und Reformmodelle, Berlin 2004, S. 33

schen Jugend die Einsicht durch, dass eine „außerparlamentarisch“ organisierte Öffentlichkeit mit Demonstrationen, Versammlungen und gelegentlichen Regelverletzungen Gerechtigkeit und Bürgerfreiheit schaffen könnte. Der APO[6] folgten Bürgerinitiativen auf kommunaler Ebene und die Entfaltung eines neuen politischen Bewusstseins. Dieses Bewusstsein verließ die Vorstellung des paternalistischen Staates und rückte Bedürfnisse der jeweiligen Persönlichkeiten ins Zentrum. Diese Bedürfnisse zielten zunächst auf den sozialen Status („Chancengleichheit“), später auf allgemeine politische Werte wie „Umweltschutz“ oder „Frieden“ und „Klimaschutz“.

Beobachter nannten das den Übergang von materialistischen zu postmaterialistischen Werten.[7] Diese Veränderungen betrafen die in der Bundesrepublik sozialisierte Nachkriegsgeneration.

Der Irritation über die Festnahmen und Durchsuchungen beim „Spiegel“ folgten

- das Aufdecken eines „Bildungsnotstandes“ von den Zwergschulen bis hin zu den Ordinarienuniversitäten,
- die durch die Vietnam-Intervention bewirkte Abkehr vom Idol der USA,
- ein Ende der Toleranz gegen die Hitlerverniedlichungen der Vorgängergeneration
  und
- die Einsicht in die umweltzerstörende Wirkung einer bis dahin unkritisch betriebenen Industrialisierung.

---

6 APO = „Außerparlamentarischen Opposition“

7 Ronald Inglehart, Modernization and postmodernizazion: cultural, economic, and political change in 43 societies, Princeton 1997

Die Veränderungen im politischen Bewusstsein ereigneten sich vorzugsweise im studentischen Milieu und wurden dort forciert durch „linke" Gruppierungen wie den SDS („Sozialistischer Deutscher Studentenbund") und den SHB („Sozialdemokratischer Hochschulbund"), dann auch durch den LSD („Liberaler Studentenbund Deutschland"). Das waren ursprünglich Studentenorganisationen der politischen Parteien SPD und FDP, die – wie der SDS – entweder von der Mutterpartei „verstoßen" wurden oder sich von ihr abwandten. Die sich aus der Studentenschaft entwickelnde APO bekam Zulauf durch die abstoßende Wirkung einer bösen Polemik der „Springer"-Presse, durch autoritäre Reaktionen der Ordinarien-Universitäten und durch das harte Vorgehen der Polizei gegen Protestaktionen. Der tödliche Schuss eines Polizeibeamten gegen den Studenten Benno Ohnesorg am 2. Juni 1967 vor der Deutschen Oper in Berlin anlässlich des Besuchs des Schahs von Persien hatte eine breite Mobilisierung zur Folge. Den bisher vor allem sozialistisch und marxistisch ausgerichteten Protestaktionen schlossen sich nun Liberale und Konservative unter der akademischen Jugend an.[8]

Die studentische Protestbewegung – im Nachhinein oft „68er-Bewegung" genannt[9] – hatte vielfach zu einer Vertiefung des demokratischen Bewusstseins geführt. Bürgerinitiativen außerhalb der Parteien und des offiziellen politischen Systems wären ohne die 68er nicht entstanden, und dass die „Grünen"

---

8 Jürgen Dittberner, Berlin Brandenburg und die Vereinigung. Und drinnen tobt das pralle Leben. Eine Innenansicht, Berlin 1994, S. 36 f/ S. auch Beiträge „Benno Ohnesorg" und „Kurras" in diesem Band.

9 Jürgen Dittberner, Sind die Parteien noch zu retten?, a.a.O., S. 59 ff

1983 in das Kartell des Zweieinhalb-Parteiensystems eindringen konnten[10], geht auch auf die studentische Protestbewegung zurück.

Freilich bildete sich aus der Bewegung eine Nebenströmung, die im Terrorismus mündete und über die RAF[11] verfügte. Die Reaktion des Staates auf diese Entwicklung war hart und unerbittlich. Schon der erste sozialdemokratische Bundeskanzler Willy Brandt hatte einem „Radikalenerlass" zugestimmt, nach dem den als „Verfassungsfeinde" deklarierten „Linken" der Zutritt zum öffentlichen Dienst verwehrt werden sollte. Unter Brandts Nachfolger Helmut Schmidt wurden erpresserische RAF-Ultimaten missachtet mit der Folge der Ermordung des als Geißel genommenen BDI-Präsidenten[12] Hans-Martin Schleyer. Es gab zum allgemeinen gesellschaftlichen Demokratisierungsschub eine Gegenentwicklung, so dass der Staat sich einer „wehrhaften Demokratie" verpflichtete.

Die Anfänge der 68er lagen jedoch nicht nur in der Abkehr von materiellen und der Hinwendung zu postmateriellen Werten. Es ereignete sich vielmehr ein globaler Paradigmenwechsel: Das 50er-Jahre-Idol USA wurde Ziel tiefer Ablehnung und verbaler Angriffe. Der Dualismus des Kalten Krieges wurde zugleich aufgelöst in Richtung einer Annäherung zwischen Ost und West, und das Tabu, sich mit den Lehren insbesondere von Karl Marx nicht zu beschäftigen, wurde gebrochen.

War nämlich Amerika in den fünfziger Jahren das allgemeine Vorbild in der Demokratie, der Kultur und im Konsum,

---

10 Joachim Raschke, Die Grünen. Wie sie wurden, was sie sind, Köln 1963

11 RAF = „Rote-Armee-Fraktion"

12 BDI = Bundesverband der Deutschen Industrie

so verschwand das mehr und mehr, als die USA einen Interventionskrieg gegen ein kleines Volk in Vietnam führten. Aus Befreiern wurden in den Augen Vieler Interventionisten, aus Demokraten Nationalisten und aus Konsumenten Umweltzerstörer. Es war weder offizielle Politik, die solchen Wandel des Amerika-Bildes bewirkte, noch war es die Masse des Volkes: Studenten und intellektuelle Minderheiten demontierten das Idol. Dafür ernteten sie auch Hass der Straße und der politischen Eliten.

Es sollte über vierzig Jahre dauern, bis die Amerika-Distanz die offizielle deutsche Politik vereinnahmt hatte: Insofern waren Gerhard Schröder und Josef Fischer späte 68er oder – genauer: Sie ernteten Früchte der 68er Bewegung!

Der Antiamerikanismus der 68er war ursprünglich schlechten Gewissens in die deutsche Öffentlichkeit getragen worden. Dabei hatte es – wie gesagt – geholfen, dass es im westlichen Ausland Parallelentwicklungen gegeben hatte: Demonstrationen in Paris und in den USA selbst. So konnten die deutschen Antiamerikanisten sagen, sie wären nicht gegen das amerikanische Volk – da wären sie sogar solidarisch zu den „Genossen" in Berkeley: Sie würden sich vielmehr gegen das politökonomische US-System wenden, das die Völker – auch das der USA – versklaven wolle.

Das passte zur Marx-Renaissance. Von Konrad Adenauer[13] bis zum Sozialdemokraten Kurt Schumacher[14] war sich die

---

13 Hans-Peter Schwarz, Adenauer. Der Staatsmann: 1952 – 1967, Stuttgart 1991

14 Peter Merseburger, Der schwierige Deutsche. Kurt Schumacher. Eine Biographie, Stuttgart 1995

westdeutsche Nachkriegsgesellschaft einig: Nationalsozialismus und Kommunismus wären gleichermaßen totalitäre Systeme. Von Schumacher stammt das Wort, die Kommunisten seien „rot lackierte Nazis". Die Theoretiker des Kommunismus waren in der Zeit des „Kalten Krieges" im Westen verfemt. Niemand musste fürchten, sich zu blamieren, wenn er das „Kapital" und „Mein Kampf" auf eine Stufe stellte. Da war es eine Provokation und ein Tabubruch, als der SDS damit anfing, Marx-Rezeptionen in die Öffentlichkeit zu tragen. Das war jedoch die Folge auch jenes Unvereinbarkeitsbeschlusses, mit dem die SPD nach ihrem nunmehr an der CDU orientierten Godesberger Programm 1969 den störrischen Studentenbund SDS aus der sozialdemokratischen Familie verstieß.

Sozial-liberal

So sehr hatten die studentischen Proteste das politische Klima verändert, dass der „CDU-Staat"[15] 1969 sein Ende fand und die sozial-liberale Koalition unter Willy Brandt und Walter Scheel neue Wege ging. Das Bündnis wähnte sich getragen von einer neuen Interessenlage: der „neuen Mittelschicht". Die aufgrund ihrer beruflichen Qualifikation unabhängig Beschäftigten seien die Avantgarde der Gesellschaft, am Wohle des Ganzen orientiert und deswegen die Träger der „Friedens"-politik und der Reformen im Innern.

[15] Wolf-Dieter Narr (Hg.), Auf dem Weg zum Einparteienstaat, Opladen 1977

Das schien sich vor allem in der Ostpolitik zu zeigen. Die Konfrontation zu den Staaten Osteuropas, ja sogar zum deutschen Gegenmodell, der DDR („Deutsche Demokratische Republik“), wurde aufgegeben und ein „Wandel durch Annäherung“ angestrebt. Zu dieser Entwicklung beigetragen hatte der Bau der Mauer 1961, als alle Welt sehen konnte, dass die deutsche und europäische Spaltung durch Konfrontation weiter vertieft wurde. Um diesem Zustand zu begegnen, kam es zu Verträgen, die in Bonn mit Moskau, Warschau und sogar Ost-Berlin abgeschlossen wurden; so kam es zu Vereinbarungen über Berlin. Im Innern Westdeutschlands setzte die sozial-liberale Koalition eine Bildungsreform durch, welche die Chancengleichheit erhöhen sollte, neue Bildungswege und -einrichtungen schuf sowie großen Schichten der Bevölkerung höherrangige Ausbildungen ermöglichte. Das Ideal der „antiautoritären Erziehung“ kam auf.

Der Bundespräsident Heinrich Lübke hatte einst von den Vorzügen der Zwergschulen geschwärmt; nun entdeckten Bildungsforscher und -politiker einen „Bildungsnotstand“. Die Öffentlichkeit nahm die neuen Erkenntnisse an, und die Politik reagierte entsprechend. Es wurden Schulen und Universitäten neu geschaffen, Gesamtschulen und Gesamthochschulen gegründet. Die Lehrer in den Schulen traten antiautoritär auf; die Ordinarien- wurde durch die Gruppenuniversität ersetzt. Qualitätsstandards wurden Mengenerfolgen geopfert. Tatsächlich stieg der durchschnittliche Ausbildungsstand. Nur litt darunter die Leistung; Spitzenleistungen gerieten ins Hintertreffen. Wirtschaftsführer; liberale und konservative Parteiführer bemängelten dies, setzten sich für Elitenförderung ein. Dafür wurde öffentliches wie privates Kapital mobilisiert. Nun galt das Hochschulsystem der USA als vorbildlich, und selbst eine rot-grüne Bundesregierung zeigte sich von „Pisa“-Studien über das mangelhafte deutsche Bildungssystem beeindruckt. Sie stellte Mittel zur Verfügung für Ganztagserziehung einer- und elitäre Hochschulstudiengänge anderseits.

Das „Mehr Demokratie wagen“ der Sozial-Liberalen stieß in der Innenpolitik an Grenzen, denen sich die politischen Akteure durch die Bekämpfung des aus der Studentenbewegung erwachsenen Radikalismus und des Terrorismus gegenübersahen. Die neue Ostpolitik war implantiert, aber die Wirtschaftslage verschlechterte sich. Brandt und Scheel wurden abgelöst durch Schmidt und Genscher. Ökonomisches und administratives Krisenmanagement kamen auf. Parteipolitik gewann die Oberhand. Die SPD wollte die „Belastbarkeit der Wirtschaft“ testen und die von den Amerikanern gewünschte „Nachrüstung“ des Westens verhindern: alles gegen den erklärten Willen des eigenen Kanzlers Helmut Schmidt. Da fürchtete die FDP, von der kriselnden SPD in einen Abwärtsstrudel gerissen zu werden und seilte sich aus der Bundesregierung ab.

Geistig-moralische Wende

Der neue Bundeskanzler, Helmut Kohl[16] (CDU), sprach von einer „geistig-moralischen Wende“, die seine Regierung herbeiführen wollte. Sie sollte anknüpfen an die aus seiner Sicht „gute, alte Adenauer-Zeit“ und ihre Spielregeln. Doch daraus konnte

16 Hans-Peter Schwarz, Helmut Kohl. Eine politische Biographie, München 2012

nichts werden. Obwohl sich die sozial-liberale „neue Mittelschicht" als Hirngespinst erwiesen hatte, denn die höheren Angestellten und Beamten liefen 1982/83 in Scharen zur CDU/CSU über, war doch in der Bevölkerung ein Bewusstseinsstand erreicht, dass eigene Rechte auch gegen den Staat durchgeboxt werden müssten, und die allgemeine Ost-West-Entspannung hatte trotz eines erneuten Wettrüstens zwischenstaatliche Beziehungen geschaffen, für die die alten politischen Handlungsmuster nicht mehr passten.

Die „Grünen" drangen weiter ins Parteiensystem und wandelten sich von einer „Anti-Parteien-Partei" binnen 20 Jahren zur Regierungs- und Kriegspartei.[17] In der allgemeinen politischen Kultur machte sich in der Ära Kohl Besitzstandsdenken und Egoismus breit. Das Gemeinwohl galt immer weniger, das Ego immer mehr. Nicht einmal eine Volkszählung wagte der Staat anzusetzen, weil er sich nicht einer Klageflut aussetzen wollte von Staatsbürgern, die ihre individuellen Freiheitsrechte verletzt sahen. Eine Rechthabergesellschaft war entstanden, und die Regierung Kohl schritt aus Furcht vor Wählerverlusten nicht dagegen ein. So reduzierte sich die politische Kultur auf Besitzstandswahrung, und die öffentliche Debatte wurde durch eine „politische Korrektheit" geregelt, die folgendes propagierte:

- Der Nationalsozialismus ist schlecht, und rechte politische Strömungen sind es ebenfalls.
- Im Lande lebende Ausländer bereichern die multikulturelle Gesellschaft und sollen integriert werden.

---

[17] Edgar Wolfrum, Rot-Grün an der Macht. Deutschland 1998 – 2005, München 2013

- Die Gewerkschaften haben das Recht, von den Arbeitgebern höchstmögliche Löhne zu erzwingen und obendrein „Errungenschaften" wie die 35-Stundenwoche und den Kündigungsschutz.
- Strukturelle Arbeitslosigkeit darf es nicht geben; das soziale Netz fängt vorübergehend beschäftigungslos Gewordene auf und führt sie zurück in den ersten Arbeitsmarkt.
- „Die Rente ist sicher."
- Jeder Bürger hat das Recht, sich gegen den Staat und jede Institution mithilfe von Gerichten zu wehren, wenn er sich in seinen Interessen getroffen fühlt.
- Soziale Defizite oder Benachteiligungen unterschiedlicher Gruppen sind administrativ durch Quoten auszugleichen.
- Es ist das gute Recht eines jeden, den offiziellen politischen Organen zu misstrauen und ihnen durch Runde Tische, Beiräte, Kommissionen, Plebiszite oder Bürgerinitiativen in die Arme zu fallen.

All dies ließ die Regierung Kohl laufen aus Angst vor Amtsverlust, obwohl man wusste, dass in den skandinavischen Staaten, in den USA und in Großbritannien zur gleichen Zeit tiefgreifende Veränderungen durchgeführt wurden. Kohl glaubte es seinen Wählern nicht zumuten zu können, das deutsche Wirtschafts- und Sozialsystem zu modernisieren. Aus dem gleichen Grunde wurde die FDP ein Teil der „Machtmaschine Kohl" und spielte nur noch die Rolle einer „Partei der zweiten

Wahl".[18] Die konservativ-liberale Regierung konnte die aus internationalem Druck entstandene steigende Arbeitslosigkeit nicht abfangen, nicht das Gesundheits-, das Renten- oder das Steuersystem reformieren. Sie war den Ansprüchen ihrer Moderatoren- und Krisenmanagerrolle nicht mehr gewachsen und wäre 1990 wohl abgewählt worden, wäre nicht die deutsche Einheit gekommen.

Deutsche Einheit

Als der Ostblock zusammenbrach, ergriffen Helmut Kohl und Hans-Dietrich Genscher nach Zögern den „Mantel der Geschichte" und setzten auf die deutsche Einheit. Der Wunsch nach der Einheit des Nationalstaates gehörte zu den Wertvorstellungen älterer Politiker wie auch Willy Brandt oder Richard von Weizsäcker. In der westdeutschen Bevölkerung war die nationale Einheit besonders bei den Jüngeren kein relevanter Wert, und entsprechend agierten der Kanzlerkandidat der SPD von 1990, Oskar Lafontaine, und die „Grünen". Aber Kohl und Genscher setzten auf die deutsche Einheit. Sie erhielten die Unterstützung einer Mehrheit der Ostdeutschen sowie ihrer Generationsgenossen in Westdeutschland.

Bei der Einheit stießen zwei politische Kulturen in Deutschland aufeinander. Wie hätte es anders sein sollen, nachdem die politische Sozialisation in Ost und West unterschiedlich verlaufen war? Wurden im Westen Individualismus

---

18 Jürgen Dittberner, FDP- Partei der zweiten Wahl, Ein Beitrag zur Geschichte der liberalen Partei und ihrer Funktionen im Parteiensystem der Bundesrepublik, Opladen 1987

bis hin zum Egoismus, Leistung und Durchsetzungsfähigkeit als grundlegende Werte vermittelt, so waren es im Osten die Werte Gemeinschaft, Solidarität und soziale Sicherheit. War vom Westen aus trotz aller Antiamerikanismen New York der Mittelpunkt der Welt, so war es vom Osten her Moskau. Der Osten sollte sich an den Westen anpassen. Das führte zu unterschiedlichen Verarbeitungsprozessen. Die Systemkritiker im Untergang des Staatskommunismus verabsolutierten ihre in der Wende gemachten Erfahrungen und waren danach für westliche Verhältnisse ungewohnt rigoros und unerbittlich in der Verurteilung des alten Systems. Die Verlierer und die sich missverstanden Fühlenden aus dem alten System wollten ihre eigene Identität „einbringen" und machten die PDS stark. Die meist bei den „Grünen" gelandeten Rigoristen aus dem Osten wie die von „Bündnis 90" und eben die PDS waren neue Elemente im Parteiensystem.

Entgegen der Erwartungen von 1990 passte sich der Osten nicht an den Wohlstand des Westens an, sondern der Westen büßte ebenfalls Arbeitsplätze ein. Die ökonomische Schere zwischen Ost und West schloss sich nicht, sondern öffnete sich weiter. Das ist die Hauptursache dafür, dass sich ein ostdeutsches Milieu hielt, gehegt von der PDS – später den „Linken" –, die bei Landtagswahlen davon profitierte. 2005, nachdem die rot-grüne Bundesregierung – möglicherweise handwerklich unzulänglich – eine Reform des Sozialstaates gewagt hatte, schwappte die Verunsicherung darüber in den Westen.

Rot-Grün

Wenn auch die rot-grüne Koalition 2005 jäh endete, so hatte sich doch in deren Zeit einiges an der politischen Kultur in Deutschland geändert:

- Die Einbürgerung länger in Deutschland lebender Ausländer wurde erleichtert; die Zuwanderung weiterer allerdings erschwert. Was die offizielle Politik bislang ignoriert hatte, galt nun als Tatsache: Deutschland wurde ein Einbürgerungsland.
- Das Monopol der Ehe zwischen Mann und Frau als Basis der Gesellschaft wurde gebrochen; gleichgeschlechtliche „Ehen“ wurden möglich.
- Der absolute Wert der Familie wurde aufgehoben, temporäre Beziehungen und „Singlehaushalte“ wurden der Ehe gleichgesetzt.
- Die absolute Fortschrittsgläubigkeit im Hinblick auf neue Technologien wurde konterkariert durch den eingeleiteten Ausstieg aus der Atomenergie und durch die von den „Grünen“ eröffnete Debatte über die Grenzen der Gen- und Zellentechnologie.
- Das Gebot der trotz aller Antiamerikanismen in der Bevölkerung bis dahin gepflegten diplomatischen Rücksichtnahme auf die Interessen der Führungsmacht USA wurde im Bunde mit Frankreich und Russland bei den Entscheidungen über den Irakkrieg gebrochen. Die deutsche Abnabelung von den USA-Interessen hielt an – verstärkt durch die antideutsche Einstellung des früheren US-Präsidenten Trump.

- Der Anspruch, die Menschenrechte als einen Maßstab der deutschen Außenpolitik zu nehmen, wurde wie im Falle Tschetschenien gegenüber Russland aber auch Guantanamo gegenüber den USA und generell gegenüber China fallen gelassen: Wirtschaftsinteressen wurden über moralische Ansprüche gestellt.
- Die Einordnung deutscher Politik hinter die Ziele der Europäischen Union wurde – zumindest zeitweise – aufgegeben wie die mehrfachen Nichtachtungen vereinbarter Defizitkriterien beim Haushalt gezeigt hatten.
- Deutschland definierte sich als „größere Mittelmacht", die eigene Interessen auch ohne Rücksicht auf traditionelle Verbündete durchsetzte.
- Der Begriff „Reform" wurde umgedeutet: Rot-Grün wagte unter der Überschrift „Hartz I – IV" ein Abspecken des Sozialstaates wie ihn Schwarz-Gelb nicht geschafft hatte mit der Folge, dass die SPD ein Defizit bei ihrem Leitthema „soziale Gerechtigkeit" hatte.
- Angela Merkel hingegen, die spätere langjährige Bundeskanzlerin von der CDU, lebte von den Früchten dieser „Reform".

Gegen den Druck nach politischer Korrektheit gab es gelegentliches Aufbegehren. Insbesondere die von „Grünen", aber auch von der SPD favorisierte „Multikulturelle Gesellschaft" forderte vor allem Konservative heraus. Sie sprachen von der Notwendigkeit einer „deutschen Leitkultur", was wiederum Protest rotgrüner Aktivisten hervorrief.

Dann kamen als Folge des 11. September 2001 – dem Tag der Flugzeugentführungen ins New Yorker World Trade Center – Verdächtigungen gegen undurchschaubare muslimische Gruppen auf. Diese wären oft Brutstellen des Terrors. Das Attentat auf einen Weihnachtsmarkt am Berliner Breitscheidplatz bestätigte für viele diesen Verdacht.

Schließlich kam der Begriff von „Parallelgesellschaften" auf. Hiermit waren zunächst türkische Kreise gemeint, die jenseits der deutschen Kultur und Sprache existierten, sich durch Frauenzuzüge aus Anatolien rekrutierten und in denen es sogar zu „Ehrenmorden" an Frauen gekommen wären, die sich in Deutschland integriert hatten und sich den Wertvorstelllungen der Herkunftsfamilie entzögen.

Später wurden „arabische Clans" aufgedeckt, denen organisierte Kriminalität vorgeworfen wurde.

Die Ära Merkel

Nach dem Ende von „Rot-Grün" folgte eine lange Periode der Vorherrschaft von CDU und CSU in Deutschland unter der Bundeskanzlerin Angela Merkel. Die erste Frau an der Spitze einer Bundesregierung kam aus dem Osten und dort aus dem evangelischen Milieu. Diese Frau entzog sich bald dem altbekannten Bild einer CDU-Politikerin. Hinter ihr lag weder eine „Ochsentour" in der Jugendorganisation JU[19] noch eine in der Partei selbst.

---

[19] JU = „Junge Union Deutschlands" / Jugendvereinigung von CDU und CSU auf Bundesebene

Ganz Deutschland rätselte anfangs, wie es Angela Merkel möglich war, an der Macht zu bleiben. Sie hatte die CDU, diese Schlangengrube, umgestülpt – personell und inhaltlich. Kohl, Merz, Stoiber, Koch, Oettinger, Beust, Guttenberg und viele andere waren bald nicht mehr im Zentrum der Macht. In der großen Koalition hatte sich die Partei geräuschlos sozialdemokratisiert und war bald die stärkste Atomausstiegskraft der Republik. Die SPD kam an die Union nicht mehr heran, und die im Herbst 2009 noch übermütige FDP war zum trostlosen Haufen geworden.

Oft wurde das politische Ende Angela Merkels prophezeit, und stets lebte sie fort. Ihr Vorgänger Gerhard Schröder fing damit an, indem er weissagte, sie werde es nicht schaffen. Die Herren vom „JU – Andenpakt" warteten auf den richtigen Moment, um „Mutti" – wie sie ihre Vorsitzende tauften – aus dem Amt zu putschen. Selbst der loyale Sozialdemokrat Peter Struck bekannte einst: „Die kann mich mal."

Heute sind sie alle in Pension oder weggelobt: der Altkanzler Schröder, die einst so stolzen CDU-Ministerpräsidenten und auch der einstige SPD-Fraktionsvorsitzende. Dessen Nachfolgerin Andrea Nahles hat ebenfalls resigniert, Friedrich Merz verlor mehrere Abstimmungen beim CDU-Bundesparteitag, und Peter Struck und Guido Westerwelle sind nicht mehr auf dieser Welt. Angela Merkel hingegen ist weiterhin Bundeskanzlerin.

Was hält diese Frau?

Gerd Langguth schilderte eine Episode aus der Schulzeit der Angela Dorothea Kasner, der späteren Bundeskanzlerin

Angela Merkel: „In ihrer Schulzeit brauchte sie eine geschlagene Dreiviertelstunde, um, als die Klingel bereits das Ende der Stunde ankündigte, einen Sprung vom Dreimeterbrett in das Wasserbecken zu wagen.“[20]

Sie zögert und zaudert, aber sie tut es am Ende doch. Horst Seehofer, der Freund/Feind aus dem eigenen Lager, beschwört: „Wer sie unterschätzt, hat schon verloren.“

Im Binnenclinch scheint sie stark zu sein. Franz Müntefering, ihr erster Vizekanzler und Sozialdemokrat soll gesagt haben, bei ihr als Pilotin lande man immer, man wisse nur nicht, wo.

Am wichtigsten ist es ihr offensichtlich, oben zu bleiben.

Charismatisch tritt sie nicht auf, eher gibt sie sich pragmatisch und formuliert meist ungenau. So kann sie jederzeit die Position wechseln, ohne von gestern Gesagtem allzu sehr aufgehalten zu werden.

Sie entscheidet und erweckt den Eindruck, sie durchschaue die jeweiligen Materien jederzeit. Ihre Minister lässt sie dabei oft wie Assistenten aussehen, lässt sie ansonsten gewähren. Sigmar Gabriel konnte als SPD-Vorsitzender über sie herziehen, Guido Westerwelle lavierte im UN-Sicherheitsrat.

Irgendwann verhedderten sie sich alle, und dann war sie – die Kanzlerin – es, die die Sache regelte. Sie hat eben einen langen Atem.

Dass der einst zapplige Sarkozy ihr in der EU den Rang abzunehmen schien, störte sie offenbar nicht. Sie machte derweil Geschäfte mit der Weltmacht China und holte sich im Weißen

---

20 Gerd Langguth, Angela Merkel, München 2005. S. 58

Haus in Washington einen hohen Orden ab. Als Sarkozys Nachfolger Emmanuel Macron dann als glühender Europäer antrat, strebte er zweifellos die Führung in Europa an, lehnte sich aber zugleich bei Merkel an. Dass Deutschland das größte EU-Mitglied ist, weiß mittlerweile jeder, und dass Frau Merkel und nicht ihr Außenminister die Außenpolitik bestimmt, ist klar. Als der einstige US-Präsident Donald Trump sie öffentlich verachtete, prallte das an ihr ab.

Diese Angela Merkel hat die politische Kultur Deutschlands Schritt für Schritt verändert:

- Die „alten Herren“, die früher mächtig waren, sind abserviert.
- Das Klima und der Klimawandel wurden wichtiger Teil ihrer Politik.
- 2005 schon machte Angela Merkel Deutschland zum Einwanderungsland.
- Die Industrienation Deutschland akzeptiert und erstrebt vor allem erneuerbare Energien.
- Zur Bewältigung der Corona-Pandemien greift die Regierung in liebgewordene Rechte der Bürger ein, und der Opposition im Bundestag bleibt müder Protest.
- Nach dem Austritt Groß Britanniens erfuhr die Europäische Union eine Grunderneuerung, angetrieben durch die Ratspräsidentin Angela Merkel und ihre europäische Gehilfin Ursula von der Leyen.

Gegen Ende der Ära Merkel fragt sich: Was steckt da von 68 drin?

Damals in Dahlem schwärmten viele von einer neuen Kultur in Deutschland. Ahnte jemand, wohin das führen könnte und wie die Bundesrepublik 50 Jahre später aussehen würde?

Wäre Angela Merkel nicht auch ohne die 68er möglich gewesen?

2. Vorher

Bis zum Aufblühen der Bundesrepublik waren Krieg, Besatzung, Teilung Deutschlands, das Entstehen eines neuen Status für die alte Hauptstadt Berlin sowie die Nachkriegszeit prägende Phasen in der politischen Sozialisation junger Menschen. Wer später einmal in den sechziger Jahren zu einer Universität des demokratisierten Landes gehen würde, hatte zuvor die letzten Jahre des Nazi-Reiches, das zerbombte Land, die unterschiedlichen Besatzungsmächte, den institutionellen und architektonischen Aufbau als auch wachsenden Wohlstand mit- oder nacherlebt.

Den Sechsjährigen faszinierte der expressionistische Glanz der Diktatur, stieß der Mief der Welt des Militärs ab, ängstigte die Gewalt des Krieges, begriff das Inferno seines Endes nicht und bewunderte die uniformierten ausländischen Sieger. Später erfüllte ihn eine Leistungsschau der Berliner Polizei mit lokalpatriotischem Stolz, verehrte er den Antikommunismus der westlichen Berliner Medien und Politiker. Das altmodische Gehabe einer Turnerschaft hingegen vergraulte ihn.

Die Augen über den verbrecherischen Charakter der Diktatur öffnete ihm eine Lektüre über die Vernichtungslager des Nationalsozialismus. Er fragte sich, ob dem mittlerweile allgemein angeprangerten anderen „Totalitarismus“, dem Kommunismus, ebensolches zuzutrauen wäre.

Noch Krieg

Er wäre so gerne den Hitlerjungen gefolgt

In Berlin-Spandau, gegenüber dem Straßenbahnhof marschierte in den vierziger Jahren ein Trupp der „Hitlerjugend" (HJ)[21] auf dem Bürgersteig Richtung Rathaus. Es mochten vierzehn Burschen – etwa 12-jährige – gewesen sein, die in vier Dreierreihen einen kleinen Block bildeten. Alle hatten kurze Hosen und Kniestrümpfe an, Blusen mit Schlipsen, und auf den Köpfen trugen sie Käppis. Ihre Farbe war braun: die Hosen dunkel – fast schwarz, die Blusen hell – fast weiß. Diese wurden gehalten durch „Koppel" genannte Gürtel, an denen jeweils ein „Fahrtenmesser" hing. Vor dem Block marschierten zwei ebenso gekleidete Jünglinge. Der eine betätigte eine Trommel, die vor seinem Bauch hing, der andere reckte eine Stange in die Höhe, an der ein Wimpel befestigt war.

Diesen Jungen entgegen kam die junge Mutter mit ihrem sechsjährigen Sohn an der Hand. Die Mutter trug ein schwarzweiß gestreiftes Kostüm, einen Hut mit einer überdimensionierten Krempe und Handschuhe – bei der Wärme! Als er die Hitlerjungen sah, war der Kleine gleich begeistert. Die Trommel, das Fähnlein, die Uniformen und der Gleichschritt faszinierten ihn, und der Bub rief: „Da will ich auch hin!" Doch die Mutter zog ihn weiter, vorbei an dem Trupp, und der kleine Junge schaute den marschierenden Burschen hinterher. Passanten eilten weiter ihrer Wege. Sie hatten den Vorfall offensichtlich nicht bemerkt.

---

21 HJ = „Hitlerjugend", Jugendverband der Nationalsozialisten.

Der Bub hatte gespürt, dass die Mutter nicht so wie er von den Hitlerjungen angetan war. Er schaute auf die andere Straßenseite zum zerbombten Straßenbahnhof, schmollte und fand die Mutter gemein.

Er wäre so gerne den Hitlerjungen gefolgt!

Der junge Mann ist tot

Die Straßenszene mit der HJ war bald vergessen.

Mutter und Bub waren zu Hause. Der Junge durfte noch etwas draußen spielen. Dass der Vater nicht da war, störte ihn nicht. Schließlich war der ja „im Feld"; das würde schon in Ordnung sein. Nun nahm die Buddelkiste das Kind vollends in Anspruch. Da ertönte von überall her Sirenengeheul: „Fliegeralarm!" Der Schreck fuhr Alt und Jung in die Glieder. Schon stiegen am Horizont im Westen dunkle Flugzeuge auf, „Bomber", die Unheil bringen würden. Das Kind flüchtete in einen Keller des Wohnhauses. Dieser hieß „Luftschutzbunker": Auch die Mutter und andere Hausbewohner kamen – angstgezeichnet – schnell herbei. Alle kauerten sich an die Wände des Kellerraumes und warteten.

Die Sirenen verstummten nach einer Weile. Im Keller hatte es einen gewaltigen „Rumms" gegeben. Das Mietshaus war getroffen, aber nicht zerstört. Von der Decke rieselte Kalk. Es entstand ein kleines Chaos. Dann war alles vorüber. Der Junge hörte eine Männerstimme: „Das war eine englische Brandbombe, wohl für die Kaserne da drüben bestimmt. Die haben ihr Ziel verfehlt!" – Eine Frauenstimme rief: „Aber der junge Mann hier in der Ecke ist tot."

Alle verließen schweigend den Bunker, kehrten in ihre Wohnungen zurück und schlossen gut hinter sich ab: Der „Fliegeralarm“ war vorbei.

Mottenkugeln in der Kaserne

Nach dem Bombenangriff ging es in die Kaserne, wo kein Schaden entstanden war. Die „feindlichen“ Bomber hatten ihr Ziel ja verfehlt. Die Mutter hoffte vergebens, etwas über ihren „Liebsten“ im Feld zu erfahren. Doch in der Kaserne wusste niemand etwas.

Der Bub merkte, dass die in der Kaserne „Stationierten“ in ihren dicken grauen Uniformen ihn besonders herzen wollten – dachten sie dabei wohl an ihre eigenen Familien. Aber der Knabe mochte diese Umarmungen der Wehrmachtsangehörigen nicht, rochen doch deren Uniformen nach Schweiß und Mottenkugeln.

Als er und die Mutter nach Hause gingen, war das Kind froh, die Kaserne wieder verlassen zu dürfen.

Abgeholt

Tante Elly, eine Schwester des Vaters, war zu Besuch. Sie kam aus dem Bayerischen Viertel in Berlin-Schöneberg. Dort hatte die Frau aus Pommern sich einst als Dienstmädchen bei einer Direktoren-Familie verdingt. Diese „Herrschaften“ besaßen eine geräumige „Berliner Wohnung“. Tante Elly hatte eine Kammer zugewiesen bekommen. Die Gemahlin des „Herrn Direktors“ wurde von der Bediensteten mit „Gnädige Frau“ angesprochen. Die „Gnädige“ sagte zu ihr „Fräulein Elly“, obwohl diese schon 36 Jahre alt war.

Mutter, Tante Elly und Sohn saßen in der Küche. Da flüsterte die Tante plötzlich: „Die Meyer über uns hat den Gashahn aufgedreht!“ Schweigen. Und: „Die Schulzen von nebenan haben sie gestern früh abgeholt!“

Mutter und Sohn erstarrten, wussten sie doch: Meyers und Schulzes waren Juden! Das schreckliche Wort „abgeholt“ wollte niemand gehört haben.

Doch es hatte sich in den Gehirnen festgebrannt.

Budapest

Der „Großdeutsche Rundfunk“ berichtete von der Front. Da war die Rede von Budapest. Darum – („Ist das eine Stadt, ein Land oder was?“, fragte sich der Bub.) – tobte offensichtlich eine Schlacht, die laut Radio natürlich die Wehrmacht gewann. Der Junge aber fand, so müsse man das nicht ausdrücken: „Pest“ war nämlich ein schlimmes Wort in jener Zeit.

Der Krieg ist verloren

In Großvaters Wohnstube in Bernau bei Berlin wurden alle Fenster verdunkelt und abgesichert. Dann stellte der Opa den „Londoner Rundfunk“ an und sprach ganz leise. Wie der „Großdeutsche Rundfunk“ war auch der „Londoner“ zu 100 Prozent politisch. Nur berichtete London vom Rückzug der Wehrmacht und nicht vom Vormarsch. Großvater schaltete auf Heimatsender um, sprach wieder lauter, öffnete die Fenster und sprach währenddessen: „Der Krieg ist verloren!“ Er ging in die Küche, wo sein TBC-kranker[22] Sohn auf einer Liege darbte und teilte ihm das mit.

---

22 TBC = Tuberkulose (damals in Deutschland unheilbare Lungenkrankheit)

Großvater hatte Recht: Der Krieg ging verloren. Dann starb sein Sohn, denn das eigentlich schon bekannte Mittel gegen seine Krankheit wurde Deutschen nicht zur Verfügung gestellt.

Alle tot

Tage später kamen Mutter und Sohn in die Adamstraße in Berlin-Spandau, normalerweise eine Einkaufsstraße. Aber nun hatte es wieder einen Bombenangriff gegeben – wesentlich heftiger als die vorigen. Die Häuserzeilen rechts und links der Straße waren zerstört worden; Feuer und Rauch zündelten aus den Ruinen. Es stank. Überall lagen Männer im grauen Tuch – alle tot. Neben ihnen lagen Pferde mit aufgerissenen Augen.

„Was ist mit den Pferden? Warum haben sie die Augen auf? Ich denk', die sind tot?“

„Alle sind tot, die Soldaten auch. – Komm!“

Diesmal hatte der „Feind“ sein Ziel nicht verfehlt. Alles war tot und zerstört. Der Junge jedoch wuchs in diesem Inferno heran und dachte, dass alles so sein müsse, denn es waren schließlich die „Erwachsenen“, die handelten.

Panzersperren[23]

Die „Rote Armee“ der Sowjetunion wollte Berlin erobern. Um sie daran zu hindern, errichteten die „Verteidiger“ auf den Hauptstraßen der Stadt Erdwälle, quer zum Fahrbahnverlauf. Diese nannten sie „Panzersperren“. Doch die Panzer der Sowjets fuhren durch diese Wälle einfach hindurch.

[23] S. Jürgen Dittberner, Der Venezianische Löwenbrunnen in Berlin. Berlin und Potsdam – getrennt und vereint, Stuttgart 2018, S. 25

Jetzt waren sie da, die Eroberer! Die Älteren unter den Geschlagenen wussten Schauriges über Raub, Gewalt und Vergewaltigungen durch die Sieger zu berichten.

Auf den Straßen herrschte Apokalypse: Oberleitungen der Straßenbahnen waren herabgefallen. Die gelben Waggons der einstigen „Elektrischen" standen leer und funktionslos herum.

Der Sechsjährige erkannte allmählich, dass hier Ungewöhnliches vor sich ging. Das musste die „Befreiung" sein, von der jetzt so viele redeten.

Nachkriegszeit

Du Straße fegen

„Berlin ist ja so groß!", lautete ein Gassenhauer Otto Reutters. Mutter und Sohn verifizierten das, nachdem 1945 die Rote Armee – „die Russen" – Berlin und sein Umland eingenommen hatten. Sie machten sich – zu Fuß! – auf den Weg in das nördlich von Berlin gelegene Bernau, wo die Großeltern lebten. Die Entfernung betrug mehr als 30 km.

Dabei mussten die beiden das Brandenburger Tor passieren. Da kam ein „russischer" Soldat auf die Mutter zu: „O Schreck!". Er hielt einen Reisigbesen in der Hand und befahl der Mutter: „Du Straße fegen!"

Die Gattin eines besiegten Wehrmachts-Soldaten nahm den Besen, fegte auf der weltberühmten Straße „Unter den Linden", bis der Sowjetsoldat befand, es sei genug. Sie und ihr Sohn durften weiterwandern.

Es waren Polen

Endlich nach einem langen Fußmarsch in Bernau angekommen, hatten sie die zerbombten Bezirke Spandau, Charlottenburg, Tiergarten, Mitte und Pankow hinter sich gelassen. Da kam ihnen ein Trupp Besatzungssoldaten entgegen. Einer ging plötzlich direkt auf den Kleinen zu: „Oh je!"

Der Soldat beugte sich zu dem Kind hinab, griff in seine Hosentasche und holte eine kleine Tüte aus Packpapier hervor. Er lächelte den Jungen an, gab ihm die Tüte in die Hand und sagte auf Deutsch: „Bitte!" Der Kleine schaute in die Tüte hinein: Sie war gefüllt mit Karamellbonbons.

Der Mutter fiel ein Stein vom Herzen. Und sie bemerkte: Diese Soldaten waren Polen.

Das gibt's nur einmal

Später fuhr die S-Bahn wieder in den Vorort Bernau. Dort war wie eh und je Endstation. Der Bahnsteig lag oberhalb der Straßenebene. Alle Passagiere mussten eine Treppe hinuntersteigen, an deren Ende rechts und links je ein Schalterhäuschen war, so dass die Menschen wie durch einen Trichter in die Stadt gingen. Doch bevor ihnen das genehmigt wurde, mussten sie sich einer Kontrolle unterziehen – jeder einzelne! Das dauerte, und die Treppe darüber blieb überfüllt mit all den Wartenden.

Da stimmte einer den Schlager von Lilian Harvey an:

„Das gibt's nur einmal, das kommt nicht wieder. Das ist zu schön, um wahr zu sein!"

Schon war eine barsche Stimme zu hören: „Wer war das? – Wer war das?"

Keiner meldete sich! Der mitgereiste Junge fand das nicht in Ordnung: Wenn ein Erwachsener Meldung fordert, müsse man reagieren, meinte er.

Da sitzt Du nun, Du Herrenmensch!

Die Großeltern besaßen ein Siedlungshäuschen. Ein Garten war auch dabei. Unmittelbar nach 1945 lieferte dieser manche Mahlzeit. Denn die Alten züchteten verschiedene Gemüse: Stangenbohnen, Gurken, Kohl-, Mohrrüben usw. Auch ein kleiner Kartoffelacker war da. Als besondere Köstlichkeiten galten Obstfrüchte: Johannis- und Stachelbeeren, Süßkirschen, Äpfel und Birnen reiften heran. Kleinvieh wurde ebenfalls gehalten – eine Ziege, Kaninchen und Hühner. Viele Produkte dieser „Minilandwirtschaft" bewahrte die Großmutter eingeweckt im Keller auf. Das waren die Vorräte für den Winter.

Wenn der mittlerweile aus dem Krieg heimgekehrte Schwiegersohn aus dem „Westen" – aus Berlin-Spandau – zu Besuch kam, schenkte der Großvater ihm selbstgefertigten Obstwein ein. Der wurde im Keller in großen Glasbehältern mit roten Gummistöpseln drauf aufbewahrt.

Im Übrigen diente der Keller als Aufbewahrungsort für mancherlei unbrauchbar Gewordenes.

Da geschah es: Im Keller wurde eingebrochen! Ein Teil der Vorräte und manches Aufbewahrte wurden gestohlen. Den Großeltern war sofort klar: Die Einbrecher waren russische Soldaten aus der nahegelegenen Kaserne.

Großvater war deprimiert. Aber die Großmutter wurde aktiv: „Da sitzt Du nun, Du Herrenmensch!" Sie eilte – angetan mit Hut, Mantel und Handtasche – zur Kaserne und meldete den

Vorfall. Daraufhin mussten sich alle verdächtigen Soldaten in einer Reihe aufstellen, und jeder hatte sein Hab und Gut in einem Bettlaken vor sich zu bündeln. Sodann erschienen zwei Offiziere, und einer befahl einem nach dem anderen Soldaten: „Aufmachen!"

So fanden sie das Diebesgut bei zwei Soldaten – „Muschiks". Einer der Offiziere hob aus einem geöffneten Laken eine vergoldete Tanzsandale hervor, hob sie in die Höhe und sprach bewundernd: „Mutterr! Goldene Schuhe!"

Die Diebe aber wurden abgeführt – wer weiß, wohin?

Der Bub hatte all das beobachtet. Ihm ging es durch den Kopf: „Das waren also Russen!"

Neues Deutschland

Wieder ging es mit der S-Bahn nach Bernau. Endlich im Siedlerhäuschen der Großeltern angekommen, berichtete die Großmutter Grässliches über die Besatzer, diese „Russen". Sie seinen ungebildet, grausam und könnten noch nicht einmal richtig Deutsch. „Diese Russen" würden deutschen Frauen vergewaltigen und ihnen die „Brüste abschneiden".

Der Großvater, ein ehemaliges USPD-Mitglied[24] schob alles auf die politische Ebene: „Der Amerikaner hätte mit uns gleich weitermarschieren sollen – bis nach Moskau. Da wäre heute einiges anders!"

Bei der Rückfahrt mit der S-Bahn las dort einer das „Neue Deutschland". Der Junge sah das und fragte die Mutter: „Was ist das ‚neue' Deutschland?" Die schwieg verängstigt.

---

24 USPD = Unabhängige Sozialdemokratische Partei („linke" Abspaltung von der SPD)

Doch ein Mitreisender zeigte mit einem Finger auf einen im Gang stehenden Sowjetsoldaten:

„Aha!“

Ordnung kehrte ein

Irgendwie flimmerte das Bild immer wieder auf: Die „Russen“, die Sowjetunion und der Kommunismus waren schlecht, die „Westalliierten“ – Amerikaner, Briten und Franzosen, also die USA, Großbritannien und Frankreich – somit die „freie Welt“ – waren besser. Die Spandauer freuten sich, dass „Russen“ bei ihnen abzogen und Briten kamen. Spandau gehörte von nun an zum „Westsektor“ Berlins. Engländer waren die neuen Herren. Diese wurden von den Deutschen „Tommies“ genannt. Sie warfen Apfelsinenschalen und bunte Zigarettenschachteln auf die Erde, und Kaugummis hatten sie auch.

Für den Jungen waren das unbekannte Kulturgüter.

Nach und nach wurde Ordnung geschaffen. Frauen in Schürzen und mit Kopftüchern stapelten die in den Ruinen herumliegenden Ziegelsteine. Die Oberleitungen der Straßenbahnen wurden wieder gespannt. Autos mit Holzöfen tuckelten immer öfter durch die Stadt. Händler klatschten Salzheringe aus Holzfässern in Zeitungspapier und überreichten sie den „Schlange stehenden“ Hausfrauen. Gemüsehändler verkauften Kartoffeln mit Hilfe von Holzschaufeln. Durch die Häuserblocks zogen Personen mit Handwagen und boten „Brennholz für Kartoffelschalen“ zum Tausch an. Dazu bimmelten sie mit Handglocken, wie einst „Bimmelbolle“ für seine Milch geworben hatte.

Kinder verlegten ihre Spiele nach und nach aus den Ruinen heraus und von den Straßen hinfort auf die gepflasterten Gehwege, die „Bürgersteige" genannt wurden. Manche erschienen sogar per Fahrrad und prahlten, dies sei noch aus dem „Frieden" und daher gut.

Die Wohnungsgesellschaften hatten Buddelkästen anlegen lassen. Darin saßen die Kleinen und formten Kuchen, Brücken oder Häuser aus Sand. Um zwölf Uhr öffneten die Mütter die Fenster ihrer Mietwohnungen und riefen: „Reinkommen! Mittagsessen!", und um sechs Uhr abends tönte es: „Feierabend! Abendessen und dann ab ins Bett!"

Der Vater

Der nunmehrige Schüler konzentrierte sich auf seine mit Kreide auf den Bürgersteig gemalte „Hopse". Da fiel der Schatten eines Mannes auf ihn. Der Mann trug eine ehemalige – nunmehr abgewrackte und der Rangabzeichen beraubte – graue Uniform, hatte einen aus Aluminium gefertigten Essnapf am Gürtel dabei und sagte: „Peter!" Der erkannte den pommerschen Tonfall sofort, und es schoss ihm in den Kopf: „Der Vater!"

Der Vater war wieder da!

Aus Neapel sei er gekommen, sagte die Mutter, und zwar im Eisenbahntransport über Magdeburg und Brandenburg. – Neapel, Magdeburg, Brandenburg: Für den Erstklässler waren das Böhmische Dörfer. Er ahnte, dass nun, wo der Vater wieder da war, neue Zeiten beginnen würden.[25]

---

25 S. Jürgen Dittberner, Der Venezianische Löwenbrunnen in Berlin., a.a.O., S. 32 f

Ihr Völker der Welt

Immer tiefer spaltete sich die Stadt Berlin. West-Berlin wurde zur „Insel der Freiheit", Ost-Berlin zur „Hauptstadt der DDR". Die Berliner fanden den Westen hell, den Osten dunkel. Vom 24. Juni 1948 bis 12. Mai 1949 blockierte „der Osten" die Westsektoren Berlins und schuf damit ungewollt West-Identitäten.

Der RIAS[26] wurde zur Institution und schmiedete den Westen zusammen. Das Kabarett „Die Insulaner" verspottete über seine Wellen den „Osten" gnadenlos. Sendungen wie „Mach mit", „Dalli, dalli", „Das ideale Brautpaar" oder „Schlager der Woche" wurden regelmäßig ausgestrahlt und in ganz Deutschland mit Inbrunst gehört. Selbst die Kindersendung „Onkel Tobias vom RIAS" war ein Knaller und wurde von den Kleinen leidenschaftlich rezipiert. Regelmäßig gingen Geburtstagsgrüße über den Äther, die stets mit den Worten endeten: „Besser essen, besser essen!" Das konnte man sich schon wieder leisten, aber über die „DDR" – „Zone" genannt – berichteten „Die Insulaner":

„Die Leute, die hier wohnen
im Dorf und in der Stadt,
die brauchen nicht zu hungern,
die haben's alle satt."

Der Regierende Bürgermeister von West-Berlin wurde zur Institution. Er löste den gesamtberliner „Oberbürgermeister" (OB) ab, residierte im Rathaus Schöneberg im Westen der Stadt und hatte den früheren Dienstsitz im Roten Rathaus in Berlin-Mitte verlassen. Nach deutschem Recht war er nicht nur Bürgermeister, sondern auch Ministerpräsident eines Landes der Bundesrepublik Deutschland. Die westlichen Besatzungsmächte teilten

26 RIAS = „Rundfunk im Amerikanischen Sektor"

diese deutsche Rechtsauffassung nicht und hielten am Viermächtestatus für ganz Berlin fest: kompliziert.

Der „Regierende“ persönlich war überaus populär. Er hieß Erst Reuter und hatte eine eigene Sendereihe: „Wo uns der Schuh drückt“. Ernst Reuter war es, der am 9. September 1948 vor 300.000 versammelten Berlinern appellierte: „Ihr Völker der Welt, schaut auf diese Stadt!“

Kriminalpolizei

Der Vater suchte und fand wieder Arbeit. Am Ende ging er erneut zur Polizei. Anfangen musste er als Streifenpolizist. Dann ging er zur Polizeischule und lernte fleißig. Schließlich kam er zur Kriminalpolizei – „Kripo“ genannt.

Also: Fort mit der Uniform und hinein ins Büro!

Drei Utensilien in dieser Zeit waren beeindruckend für den Junior: Die – abends zu Hause an der Garderobe abgelegte Pistole („Das Magazin ist raus.“), der Dietrich („Damit kann ich jedes Schloss öffnen.“) und die Polizeimarke aus Messing (Aufschrift nebst Berliner Bären: „Kriminalpolizei“).

Der Job bei der Polizei hatte manche Vorteile. So waren öffentliche Veranstaltungen zu schützen, und zu diesem Zwecke „musste“ der Vater mit einer Begleitperson – der Mutter – beispielsweise Kinoveranstaltungen besuchen. Da sah er sich in den Diensten der Sicherheit umsonst alle hereinkommenden Filme an. Niemals übrigens kam es während der Vorstellungen zu Vorfällen.

Sehr viel später hatte der Kriminalbeamte den amerikanischen Präsidenten John F. Kennedy zu bewachen, als der 1961 nach dem Mauerbau in West-Berlin weilte. Als Dank überreichte ihm der Präsident eine aus Messing gefertigte Krawattennadel in Form eines U-Bootes. Der ehemalige U-Boot-Kommandant ließ grüßen.

Uniformträger[27]

In den fünfziger Jahren war der Vater zunächst wieder Uniformträger gewesen. Stolz klärte er damals seinen Sohn auf, wie die Grußregeln in der Öffentlichkeit im Nachkriegsberlin waren, denn Menschen in Uniformen waren oft unterwegs. Zunächst hatte das alte Prinzip gegolten, dass „Untergebene" „Vorgesetzte" grüßten – das sei auf der ganzen Welt so. Dann gab es vor Ort eine Hierarchie der uniformierten Gruppen: Post-, Bahn- und BVG-Bedienstete[28] hätten alle Höherrangigen zuerst zu grüßen, also Polizei- und Feuerwehrangehörige. Alle jedoch hätten zu salutieren, wenn Alliierte in Uniformen erschienen. Das waren die Höchsten. In Berlin-Spandau waren das Briten, aber auch Amerikaner, Franzosen und selbst Sowjets in Uniform waren von den unterrangigen Chargen in Uniform zu grüßen. – Diese Grußvorschriften bewirkten bei dem Heranwachsenden, dass er großen Respekt vor Uniformierten aus den USA hatte, denn die standen ganz oben in der Hierarchie. Deren Regierungen hatte man das gute Leben im Westen zu verdanken.

Guten Abend, drüben in Deutschland

Das alltägliche Leben der Deutschen war unpolitisch. Die Familien waren Kernzellen der Gesellschaft. Geburtstage, Jubiläen und freie Tage wurden ausgiebig gefeiert mit Kaffee, Kuchen,

---

27 Jürgen Dittberner, Der Venezianische Löwenbrunnen in Berlin, a.a.O., S. 53

28 BVG = „Berliner Verkehrsbetriebe"

Schlagsahne, Schnaps und Bier. Freunde, Kumpels und Vereine waren wichtig.

Was Väter oder gar Mütter vor 1945 getan, welcher Partei sie vor 1933 ihre Stimmen gegeben hatten, interessierte nicht: Jetzt wurde „rangeklotzt" und aufgebaut. Die Welt sollte sehen, wozu die Deutschen fähig sind! Gearbeitet wurde acht Stunden am Tag, sonnabends vier. Am Sonntag machte man sich fein und ging vormittags in die Kirche – ob man katholisch oder evangelisch war.

Vergnügungen gab es auch, und die Späße waren billig. Ein wenig schlüpfrig wurde es hin und wieder allerdings schon. Politisiert wurde im privaten Kreis: „Der Amerikaner" galt als gut und reich, „der Russe" hingegen als böse und arm. „Endlich stehen wir auf der richtigen Seite!"

In Ballsälen wurde getanzt. Die Kapelle spielte drei Stücke, dann setzten sich alle. Es wurde etwas getrunken, geraucht und palavert, bis die Kapelle zum nächsten Dreier ansetzte: „Darf ich bitten?" „Herren" forderten „Damen" auf, und auch an fremden Tischen konnte man sich bedienen. Eine „Dame" durfte zwar Aufforderungen ablehnen, aber das galt eigentlich als zickig. – Hin und wieder hieß es „Damenwahl" oder ein anderes Mal „Walzer linksrum". Das waren besondere Einlagen.

Die Kneipen waren besonders voll, wenn es Geld gab. Das bekamen alle – Arbeiter, Angestellte und Beamte – in bar ausgezahlt. Konten hatte man nicht. Ein kleiner Teil des Geldes wurde sofort für manche „Molle mit Korn" frisch verprasst; die Musikbox wurde mit ein paar Münzen gefüttert. Später am Tage wurde zu Hause vorgezählt: Ein Häufchen Haushaltgeld für die Mutter, ein Häufchen für die Miete, eines für die Kohlen und eines fürs Sparbuch. Kinder bekamen ein bescheidenes Taschengeld.

Schön war's, wenn „Feste" anstanden – Karneval etwa. Dann marschierte der „treue Husar" auf, da wollte man den „alten Kaiser Wilhelm" wieder haben, und man wusste, warum es am „Rhein so schön" war.

Fernsehen gab es noch nicht so lange, und es war schwarzweiß. 1954 standen die Menschen vor den Schaufenstern der Fernsehgeschäfte und verfolgten gespannt die Spiele der Westdeutschen bei der Fußballweltmeisterschaft in Bern.

Zwischen den Sendungen gab es lange Zeit Umschaltpausen: „Wir schalten um nach Hamburg." Das konnte dauern!

Ein Lieblingsmoderator war Thilo Koch. Er berichtete über den „großen Teich" hinweg regelmäßig aus dem Traumland Amerika. Zum Sendeschluss hieß es: „Guten Abend, drüben in Deutschland". Zur Schlafenszeit war alles vorbei.

Ich bete an die Macht der Liebe

Für das jährliche „Polizeisportfest" bekam der Vater „verbilligte" Eintrittskarten für die ganze Familie. Alle freuten sich darauf.

Vor 80.000 Zuschauern paradierten Polizeibeamte im Berliner Olympiastadion in Reih und Glied. Der Aufzug erinnerte an die alte Wehrmacht: Die war eigentlich nicht mehr gewollt. Sie hatte schließlich den Krieg verloren. Die Polizisten trugen – als es dunkel wurde im Stadion – brennende Fackeln. Es kam zum Zapfenstreich, und die meisten Zuschauer wurden rührselig. Es ertönte das Kommando: „Tschako ab zum Gebet!". Der Spielmannzug intonierte: „Ich bete an die Macht der Liebe." Hinterher erklang die dritte Strophe des „Deutschlandliedes", die Nationalhymne Westdeutschlands.[29]

---

[29] S. Jürgen Dittberner, Der Venezianische Löwenbrunnen, a.a.O., S. 55

Zuvor waren „Kradfahrer“ vorgefahren – in wohlgeübter Formation. Turner in schwarz-weißer Kleidung marschierten auf. Sie führten Kunststücke vor, so, als sollte jeder sehen: „Bei der Polizei geht es ordentlich zu!“

Aus Ost-Berlin kamen Häme und Spott: „Stumm-Polizei!“. Gemeint war der west-berliner Polizeipräsident Johannes Stumm, der den damals noch national gesinnten deutschen Kommunisten als „Spalter“ galt.

Pieck ist doof

Der Großvater in Bernau liebte es, im Familienkreis heftig zu politisieren. Einst – in der „Weimarer“ Zeit – war er ja Mitglied der linken USDP gewesen, aber nun – nach dem Krieg – war er ein Fan von Konrad Adenauer geworden. Der war jetzt sein Mann, und den SPD-Politiker Erich Ollenhauer – „Uhlenhauer“ – verachtete er. Adenauer sei gegen die von ihm verachteten „Russen“ eingestellt, Ollenhauer nicht. Aber der größte Schuft sei sowieso Wilhelm Pieck, „dieser Kommunist“.

Der Enkel fand das alles interessant und meinte, da müsse man etwas tun. Also organisierte er sich ein Stück weißer Kreide und schrieb an die Wand des Häuschens der Großeltern: „Pieck ist doof!“

Als die Großeltern diese Inschrift entdeckten, gerieten sie in Panik vor Angst, denn Pieck war ein hoher Politiker in dem verhassten Staat, den sie nun bewohnten: die DDR – damals noch SBZ („Sowjetische Besatzungszone“) genannt. Sie wischten die Parole des Enkels mit einem Wasserlappen wieder ab. Niemand sollte das sehen!

Der Enkel aber fand den Vorgang aufregend. Er glaubte, Politik gemacht zu haben und beschloss, später selbst Politiker zu werden.

Frieden

Frisch, fromm, fröhlich, frei

Vielleicht wäre disziplinierter Sport nicht falsch, dachte der Heranwachsende. Ein wenig HJ-Romantik schlummerte noch in ihm. Bei der „Berliner Turnerschaft" (BT) – wähnte er – würde er richtig sein.

Die Turnhalle füllte sich mit kurzbehosten Jungen. Ein älterer Vorturner teilte sie zehn „Riegen" zu. Die angeblich besten Sportler kamen in die „Riege 1", die vermeintlich schlechtesten in „Riege 10". Der Neue wurde zu seiner eigenen Überraschung der „Riege 4" zugeteilt: Für so gut hätte er sich gar nicht eingeschätzt.

Dann nahmen die zehn Riegen Aufstellung vor dem Vorturner. Gleich danach wurde aufgeteilt: „Riege 1" an die Stangen, „Riege 2" an den Barren, „Riege 3" zu den Matten usw. Die Turner mühten sich.

Schließlich befahl der Vorturner die Aufstellung der Riegen in Reihen vor ihm. Diese mussten hernach einen Kreis bilden und – marschieren! Dazu wurde das Lied vom „schönen Westerwald" angestimmt.

Hinterher kam wieder die Aufstellung der Riegen vor dem Turnen, und alle hatten lauthals zu rufen: „Frisch, fromm, fröhlich, frei".

Dem Neuen kam das zu militaristisch und obendrein altbacken vor.

Er ging nie wieder hin.

Minister in der Lüneburger Heide[30]

Seine allererste Reise machte der Junge als 16-Jähriger mit einer Gruppe Gleichaltriger in die Lüneburger Heide. Das Jugendamt des sozialdemokratischen Bezirksamtes hatte das eingefädelt. Die Jugendlichen kamen in ein „Lager", das aus Baracken bestand und von einer Dame geleitet wurde, die als „Tante" anzusprechen war.

Irgendwie war das Jugendamt politisch motiviert, denn kaum angekommen, mussten die Jugendlichen eine „Lagerregierung" bilden, die den Urlaub regeln sollte. Die „Regierung" wurde ganz demokratisch gewählt, und der Halbwüchsige erhielt so das Amt eines Ministers. Der Junge war Minister für Ernährung, musste den Speiseplan mit der Lagerleitung abstimmen, die Essenszeiten an- und durchsetzen und dafür sorgen, dass genügend viele „Lunchpakete" zur Verfügung standen, wenn ein Ausflug vorgesehen war.

Das war die erste und letzte Reise, auf der der Schüler ein „Regierungsamt" ergatterte.

---

30 Jürgen Dittberner, Stolps Reisen. Damals und heute, von den Anfängen bis zum Massentourismus. Zwischen Pommern und Neuseeland, Stuttgart 2020, S. 20

Berliner Schülerparlament

Die Schüler West-Berlins hatten ein „Berliner Schülerparlament" (BSP). Jede Schule der Halbstadt konnte Vertreter – „Abgeordnete"! – dorthin entsenden. Das BSP war nach dem Muster des west-berliner Landesparlaments – des Abgeordnetenhauses – gebildet. Die Mädchen und Jungen in der Stadt sollten Demokratie erlernen. Damit konnte nach Ansicht der Schulverwaltung nicht früh genug begonnen werden.

So machten sich die gewählten Schülervertreter regelmäßig auf den Weg, um Parlament zu spielen. Sie hantierten mit Debattenbeiträgen, Anfragen und Anträgen – taten also, als wären sie richtige Abgeordnete. En Passant übernahm die Berliner Verwaltung die Rolle der (West)-Alliierten, denn sie entschied, was letztlich aus den Beschlüssen des BSP wurde.

Einmal war ein besonderer Tag. Der Präsident des richtigen Parlamentes – des Abgeordnetenhauses von Berlin – hielt im BSP eine Rede. Dem aus Spandau angereisten Schüler blieb von den Ausführungen selbst nichts haften; aber ihm fiel auf, dass dieser erwachsene Landespolitiker bei seinen Ausführungen hinter dem Rednerpult ständig von einem Bein auf das andere wippte.

Dieser Gast hieß Willy Brandt.

Junge Presse Berlin

Doch der Schüler versuchte sich nicht nur als Abgeordneter. Er probierte sich auch als Journalist aus. An seiner Schule gab es zunächst keine Schülerzeitung. Mit der Hilfe eines Vertrauenslehrers (Das musste sein!) gründete er eine. Er ernannte sich selbst zum Chefredakteur, heuerte einen Chef vom Dienst (CvD) nebst

Fachredakteuren und einer „Anzeigenredaktion“ an und taufte das Blättchen auf den Namen „Der Blitz“.

Die Zeitung erschien einmal im Monat und wurde auf dem Schulhof an die Schüler verteilt. Hergestellt wurde sie mittels „Ormig“-Matrizen im Spiritus-Umdruckverfahren per Hand in einer anderen Schule, in die ein Freund ging. Die andere Anstalt verfügte über eine entsprechende Apparatur. Zum Druck der Exemplare fuhr der Chefredakteur mit dem Fahrrad durch einen Wald – auf dem Gepäckträger weißes Papier, die beschrifteten Matrizen und Tuben mit schwarzer Farbe. Zurück ging es wieder durch den Wald, aber diesmal mit gedruckten und gehefteten neuesten Ausgaben des „Blitz“.

Die Berliner Schülerzeitungen hatten eine eigene Organisation, das war die „Junge Presse Berlin“ (JPB), der der Senat von Berlin ein Büro zur Verfügung gestellt hatte.

Die jungen Redakteure sollten lernen: Gemeinsam sind wir stark.

Der SS-Staat

Dass der Nationalsozialismus viel schlimmer war als aller Militarismus, lernte der nunmehrige Gymnasiast, als in der Schule im Geschichtsunterricht das Buch „Der SS-Staat“ von Egon Kogon behandelt wurde.[31] Die Berichte über die Völkermorde lösten bei den Schülern tiefe Scham aus und klassifizierten den Nationalsozialismus als verbrecherisch.

[31] Eugen Kogon, Der SS-Staat, Das System der deutschen Konzentrations-Lager, München 1974

Die Fichte ist unser Weihnachtsbaum

Doch die Schule war ambivalent. Der Krieg hatte auch merkwürdige Nachgeburten.

Als ein neuer Sportlehrer kam, wollte er den Jungen das Boxen beibringen. Nach Tagen flog er wieder 'raus. Die Alliierten untersagten diesen Unterricht, denn Boxen sei Kampfsport.

Ein Biologielehrer impfte den Schülern fürs ganze Leben den Satz ein: „Die Fichte ist unser Weihnachtsbaum". Dann stellte es sich heraus, dass er ein Betrüger war. Er hatte sich im Krieg die Papiere eines „gefallenen" Assistenten des berühmten Prof. Ferdinand Sauerbruch angeeignet und damit den Eintritt in den Schuldienst erschlichen.

Der Französischlehrer ließ die Schüler „Mateo Falcone" von Prosper Mérimée lesen und geriet als ehemals in Frankreich eingesetzter deutscher Landser anschließend stets ins Schwärmen über seine einstigen soldatischen Heldentaten – auf Deutsch!

Die von „oben" eingesetzte antifaschistische Schulleiterin erklärte, es sei gut, dass die deutschen Städte im Kriege zerbombt wurden, denn nun könne man Neueres und Schöneres aufbauen.

Karl Marx und AKI

Allmählich wurde die Sache im Nachkriegsdeutschland klar: Trotz mancher Mängel war „der Westen" besser als „der Osten" und ihm auch wirtschaftlich überlegen. Damit ihr die Menschen nicht weiter wegliefen, baute die DDR am 13. August 1961 die Mauer. Im Wettlauf der Systeme erschien das wie eine Kapitulation. Im Westen tauchten daraufhin Gespenster auf: Erst Karl

Marx und dann Friedrich Engels. Die steckten offensichtlich hinter allem Bösem und Schlechten im Osten! Sie waren verpönt, geradezu erledigt.

Der Konsum zog an. Autos, Kühlschränke und Reisen wurden zum Standard im Westen; aus dem Osten dagegen hörte man, es gäbe Mangel. Die Verwandten dort erhielten Fresspakete und waren dafür dankbar.

Es bürgerte sich ein, die Bewohner Ostdeutschlands als „Brüder und Schwestern jenseits von Mauer und Stacheldraht" zu bezeichnen und sich zu gruseln.

Rentner ließ die DDR raus, und am Gesundbrunnen in West-Berlin sowie anderswo warteten Kinos – genannt AKI („Aktualitätenkino") – darauf, den Ostlern westliches Kulturgut zu vermitteln.

Kam die Oma aus dem Osten in Bernau zu Besuch, fand sie, dass die Haarschnitte, das Brot und überhaupt alles im Westen besser wären. Und die neuerdings demonstrierenden Studenten im Westen seien ohnehin eingeschleuste Kommunisten.

Gottseidank im Westen

Als die Oma hörte, der Sprössling würde demnächst das Abitur machen, kommentierte sie: „Gottseidank im Westen. Im Osten ist doch sowieso alles kommunistisch verseucht!"

Der Sprössling fand, da hätte sie recht.

3. Dahlem

Das Tor zur „Freien Universität Berlin" (FU) stand offen!

Wer aber ein richtiger Akademiker werden wollte, der musste – wenigstens zeitweise – auch die Rolle als „Proletarier" spielen. Dafür boten sich die Werkshallen einer Fleischfabrik („Berolina") und eines Elektrokonzerns („Siemens") an. Der Werkstudent erfuhr etwas über das Leben der anderen Klasse am eigenen Leib – wenigstens stundenweise.

Essbares war im Arbeiterleben offensichtlich wichtig, Kleinteile für die Produktion des Konzerns hingegen nicht so sehr. Die Lachsröllchen in der Fleischfabrik mussten gegen Diebstahl geschützt werden; nach Schrauben und Muttern, die Siemens in seinen Radios mitverkaufte, lohnte sich das Bücken nicht.

Dann die Universität: Die Professoren schritten feierlich in Talaren einher, Sitten und Institutionen hatten ihre festen Plätze: Eine deutsche Universität hatte einen Rektor, mehrere Fakultäten, eine Studentenvertretung, ein Auditorium Maximum, eine Mensa und vieles andere. Belebt wurde das von Professoren, Assistenten und Studenten. Dafür – und natürlich auch fürs Lernen – zahlte man gerne Studiengebühren, die in einer Quästur zu entrichten waren.

In Übungen, Vorlesungen und Seminaren vermittelten Assistenten oder Professoren Wissen. Auch Liebesbeziehungen gab es: Hübsche Mädchen und Jungen waren zahlreich, und manche Beziehung bahnte sich hier schüchtern an.

An der FU konnte man richtig studieren, lernen und Examen ablegen. Diplome oder Staatsexamen, Promotionen und Habilitationen waren die Ziele. Es gab wissenschaftliche Arbeitskreise, und alles lief ab wie an jeder anderen Universität.

Die Professoren hatten ihre jeweiligen Marotten, die den Studenten bald bekannt waren. Die „Studies“ nahmen sie hin, und die hohen Lehrer hockten jeder auf einem akademischen Thron.

Das Besondere der FU war: Neben dem normalen Uni-Betrieb lief eine Revolution ab. Eine „Kritische Universität“ brach in Tabuzonen ein. Karl Marx, der im Westen verfemte Urkommunist, wurde studiert, und mit Go-Ins, Sit-Ins oder auf Vollversammlungen wurde Neues gefordert, Missliebiges angegriffen und Althergebrachtes verspottet. Der Funke sprang über mit „Demos“ auf dem Kurfürstendamm, und bald kannte die ganze Republik die APO.

Derweil ging der Unibetrieb weiter. Es wurde geforscht, gelehrt, geprüft und gelegentlich sogar gefeiert.

Parteien gaben ihre Materialien für die Wissenschaft gerne heraus, ein Studentenverband versuchte, die „Bewegung“ in die allgemeine Gesellschaft zu tragen, derweil Medien, offizielle Politik, Justiz und Polizei wie das Kaninchen auf die Schlange auf diese „aufmüpfige FU“ starrten.

Und es entstanden „Bürgerinitiativen“[32]. In der Politik spielten nicht mehr allein Konsum und materieller Wohlstand

---

32 S. Jürgen Dittberner, Bürgerinitiative als partielles Partizipationsbegehren; in: Zeitschrift für Parlamentsfragen, Nr. 2/1973, S. 194

ihre Rollen, sondern auch immaterielle Werte wie „Freiheit“ oder „Gerechtigkeit“.

Nach Dahlem

Geschafft!

Das Abitur war bestanden. Der Klassenlehrer fragte: „Was nun?“ – „Ich studiere Soziologie!“ – „Biologie? Und wo?“ – „Hier in Berlin an der FU in Dahlem. Da haben sie einen Professor, der hat uns Abiturienten angeworben fürs Soziologie-Studium: ‚1.: Das Paar: Soziologie der Zweiheit.‘ ‚2.: Die Gruppe: Soziologie ab der Dreiheit‘ und dann ‚3. Die Masse: Soziologie der Vielheit‘. – Das gefällt mir, da mache ich mit.“ – „Hm! Viel Glück!“

Nach Dahlem, zur FU fuhr der „10er“ Bus, aber auch die U-Bahn. Als Besitzer einer Monatskarte konnte man sich das Verkehrsmittel aussuchen. Ob die unbekannten Mitreisenden wussten, dass hier ein Abiturient, nunmehr gar Student, saß, der zu den wenigen Prozent eines Jahrganges gehörte, welche die „Hochschulreife“ hatten? Bestimmt hatten die allermeisten Fahrgäste hier kein Abitur!

Nach Dahlem mit der U-Bahn ging es unterirdisch durch Charlottenburg unter dem Messegelände, dem Zoo, dem Kaufhaus „KaDeWe“[33], dann durch Wilmersdorf unterm Fehrbelliner Platz mit dem Rathaus und durch Zehlendorf mit dem „Wilden Eber“. Die mitfahrenden Ausstellungs- und Zoo-Be-

---

33 KaDeWe = Kaufhaus des Westens

sucher, die Konsumenten, Beamten und Bauern gehörten sicher nicht zur Schicht der Akademiker und saßen mit einem wahrhaftigen Studenten im selben Waggon, grübelte der Studienanfänger. Alle fuhren mit der U-Bahn. Das war wirkliches Großstadtflair.

Eine andere Strecke nach Dahlem ging mit dem „10er“ Bus. Das war ein gelber Doppeldecker – oben für „Raucher“. Dort hatte man eine gute Aussicht, aber es war voll und im Winter kalt. Die Heizung schaffte es nicht bis nach oben. Die Fahrt ging durch die Siemensstadt, am Funkturm vorbei und durch „Klein Amerika“: Links der „Clayallee“ war eine US-Offiziersmesse, rechts eine Wohnsiedlung wie in Georgia, Texas oder Massachusetts.

Dann bog der Bus nach links in die „Ihnestraße“ ein, und hier war die FU: das „Otto-Suhr-Institut“ (OSI), das Rektorat, der „Henry-Ford-Bau“, das „Auditorium Maximum“ (Audimax) die „Wirtschafts- und Sozialwissenschaftliche Fakultät“ (Wiso-Fak) und auch die „Mensa“. In der Nähe befand sich obendrein die „Juristische Fakultät“ (Jur-Fak).

Doch wer zünftiger Student werden wollte, musste sich zunächst als Werkstudent beweisen („In die Produktion gehen.“, hätte man wohl im Osten gesagt).

Vor dem Hörsaal kam die Fabrik.

Werkstudentenzeit

Er war betrunken

In Berlin-Spandau in einem Gewerbegebiet stand eine Fleischfabrik. Das war eine lange Halle, ähnlich einer Turnhalle.

Gleich hinter dem Eingang hingen an Fleischerhaken enthäutete Schweinehälften, über die sich mit langen Messern ausgestattete Metzger hermachten. Sie portionierten die Tierhälften, schnitten Filets, Koteletts usw. heraus, die auf Loren zu weiterverarbeitenden Kollegen rollten.

Ganz am Ende der Halle war ein Kühlraum, in der ovale Büchsen gelagert waren. Hier hantierten Werkstudenten in braunen Kitteln. Sie schlugen mit ihren Handkanten in die Seiten der Büchsen. Wenn die Büchse einknickte, wurde sie aussortiert. Sie enthielten Kochschinken, die für den Export nach England bestimmt waren.

In der Mitte der Halle befand sich eine riesige Schüssel, in die ständig Buletten und Weißwein geschüttet wurden, um anschließend vermischt zu werden. Dazu stand ein Fleischarbeiter mit einer Stange an der Schüssel und rührte ständig. Er war betrunken.

Am Ausgang zur Straße hin war ein Laden. Hier konnten die Arbeiter am „Feierabend" kaufen, was sie tagsüber produziert hatten.

Der Abiturient erkannte, dass das nichts für ihn war.

Bück' dir doch nicht

In der Siemensstadt wurden Elektrogeräte produziert. Die Arbeiter kamen überwiegend mit der S-Bahn über die Anschlussstrecke der „Siemens-Bahn" aus Ost-Berlin angereist. Sie waren die Vorarbeiter, öffneten früh vergitterte Schränke mit den Schlüsseln für Werkbänke, die sie um acht Uhr wieder verschlossen. Bis dahin hatten sich die einfachen Arbeiter – unter ihnen Werkstudenten – einzufinden und Platz zu nehmen.

Ihre Aufgabe war es, Radios zusammen zu löten. Fiel einem Werkstudenten dabei ein Schräubchen auf den Boden, tauchte ein Vorarbeiter mit einer neuen Schraube in der Hand auf: „Bück' dir doch nicht! Hier haste 'ne neue!"

„Siemens" war eben modern.

Werkstudenten lernten bei derartigen Einsätzen:

1. Neues nehmen und Altes wegtun, war zeitgemäß. – Bis dahin hatte die altmodische Parole gegolten: „Beschädigtes repariert man." So hatte man es von den Vorfahren gelernt. Hatte ein Fahrradschlauch ein Loch, wurde das „Flickzeug" geholt. Sprang ein Auto nicht an, wurde die Motorhaube geöffnet und die Zündkerzen mit einem Lappen gesäubert. Ging ein Radio nicht, wurde an Röhren geschraubt und irgendwo gelötet, bis etwas zu hören war. – Aber nun wurde das Reparieren gestrig. Bei Löchern im Fahrradreifen musste ein neuer Schlauch her, defekte Autos kamen in die Werkstatt, und hatte ein Radio keinen Empfang, so musste eben ein neues her.
2. Die Arbeiter wussten genau, was in den Fabriken erwartet wurde, wie die Produktion lief. Sie führten die von den Managements erdachten Neuerungen in der Praxis ein. Diese Arbeiter hatten zwar kein „richtiges Klassenbewusstsein", kannten aber die Wirtschaft.
3. Der akademische Nachwuchs dagegen wusste gar nichts.

Das Wirtschaftswunder

Die Bundeskanzler hießen Konrad Adenauer, Ludwig Erhard und Kurt Georg Kiesinger, alle CDU. Die CDU war die Kanzlerpartei. Adenauer sagte zur Sowjetunion „Soffjetrussland". Nach einer Landung in Amerika erklärte er „Ich hatte 'nen anjenehmen Fluch." – Oft mahnte er: „Die Lage war noch nie so ernst!" – Ludwig Erhard – der „Dicke" – war der „Vater des Wirtschaftswunders" und Kiesinger warnte gerne: „Ich sage nur China, China!"

Sie alle lehnten die DDR ab und nannten sie abwechslungsweise „Sowjetische Besatzungszone" (SBZ) oder „Ostzone". Die Hauptstadt dieses kommunistischen Staates war nicht Berlin oder Ost-Berlin, sondern „Pankow". Die S-Bahn gehörte der DDR und hieß im Westen daher „Spalterbahn". Die deutsche Ostmark hatte Münzen aus Aluminium und war daher „Alugeld". Die Münzen selbst hießen „Aluchips".

Die DDR umgekehrt nannte ihre Mauer Friedensgrenze. Sozialistische Staaten hatten keine Armeen, sondern Friedenstruppen: Die Bundesrepublik war ein „imperialistischer" Staat, und Adenauer war wie all die anderen ein Kriegstreiber.

Das deutsche Volk glaubte an den Westen und die Demokratie, weil diese Wohlstand brachten. Nach dem ideologisch aufgeladenen Nationalsozialismus, nach Krieg, Tod, Zerstörung und Hunger wollten die Menschen Essen, Wohnungen und Autos. Das gab es im Westen; im Osten hingegen war alles knapp.

Dahlem: Das deutsche Oxford

Kurt Pomplun, der selige Berliner Passant aus Grunewald berichtete:

„Seit dem 4. Dezember 1948, als die spontan gegründete Freie Universität mit 2140 Studenten und 112 Lehrern in vier improvisierten Gebäuden im Villenvorort Dahlem ihr erstes Semester begann, hat sich dort ein „Forum Academicus" entwickelt, das hinsichtlich der Zahl seiner Studenten an dritter Stelle in Deutschland steht."[34]

Freie Universität (FU)

Zwanzig Jahre nach ihrer Gründung wurde diese Freie Universität, die FU, Epizentrum einer bundesweiten Kulturrevolution. Im Nachhinein nannten sich die Aktivisten jener Tage „68er", und sie wurden immer mehr, je länger das Ereignis zurücklag.

Eigentlich war das Leben an der FU schizophren. Es gab den ganz normalen Uni-Betrieb mit Übungen, Seminaren, Vorlesungen und Prüfungen, mit Fakultäten, Instituten, Professoren, Assistenten, Mitarbeitern und Studenten, mit Rektor, Akademischem Senat (AS) und Konzil. Die Vorlesungs- und Seminarstunden begannen c.t.[35], also 15 Minuten nach der vollen Stunde. Manchmal aber ging es auch zur vollen Stunde los, dann hieß es s.t.[36].

---

[34] Kurt Pomplun, Kutte kennt sich aus, Berlin 1970, S. 89

[35] „c.t." = „cum tempere" („mit Zeit")

[36] „s.t." = „ohne Zeit"

Neben dieser „normalen“ Universität gab es die Welt der Sit-Ins, Besetzungen, Vollversammlungen, Go-Ins und der Demos. Die „Kritische Universität“ wurde aufgezogen, und der Name Karl Marx fiel immer wieder. Die formale Demokratie wurde mit Inhalten gefüllt. Fragwürdige Bräuche wurden lächerlich gemacht. Schlagende Verbindungen waren verpönt, und sogar die USA wurden kritisch beleuchtet.

Aber das normale Universitätsleben ging weiter. Ein Student war wer und erst recht ein Doktor. Manche alten Zöpfe wurden tatsächlich abgeschafft: Der Testierzwang verschwand, aus den Rektoren wurden Präsidenten, die Rechte der Studenten und diversen Mitarbeiter („Mittelbauern“) wurden gestärkt und vor allem: Frauen wurden gleichwertige Akademikerinnen.

Über die Universitäten hinaus demokratisierte sich die gesamte Gesellschaft. Viele junge Menschen traten den „Marsch durch die Institutionen“ an, fühlten sich als Erneuerer und waren doch nur Karrieristen. Sie taten, was Parteien, Gewerkschaften und andere Organisationen ohnehin erwarteten: Sie füllten die Mitgliederlisten auf.

Die ehemaligen 68er vermehrten sich mit der Zeit. Alles wurde im Nachhinein zur romantischen Revolution verklärt. Vergessen wurden die seinerzeitigen Konflikte, die retardierenden Momente.

Vergessen war, wie schizophren diese APO und wie vielfältig das Leben war, damals in Dahlem und anderswo.

An der FU

Feierliche Immatrikulation

Das war der Anfang: Die feierliche Immatrikulation der neuen Semester aller Fakultäten an der Universität. Das Audi Max war gefüllt mit erwartungsfrohen Studienanfängern. Das „Collegium Musicum" hatte Platz genommen, da öffnete sich die Tür des Saals. Herein schritt eine akademische Prozession, die auf die Bühne strebte und die dort freien Plätze einnahm.

Musik ertönte, und an der Spitze der Prozession waren der „Asta"[37] und der Rektor der Universität zu sehen. Dass der Asta dort vorne war, zeigte an, dass die FU schon eine Reformuniversität war – aber die „wilden" Zeiten sollten noch kommen. – Der Rektor jedenfalls trug einen Talar und eine mittelalterliche Mütze. Nach diesen Spitzen der Universität zogen die Fakultäten ein. Die dortigen Professoren trugen ebenfalls Talare, die mit ihren jeweiligen Farben abgesetzt waren. Als die Prozession ihr Ziel erreicht hatte, war die Bühne voll. Viele ehrwürdige Herren saßen dort oben und schauten den Erstsemestern in die Gesichter. Weibliche Professorinnen waren selten – aber immerhin: Ein paar Damen steckten auch unter den Talaren.

Der Rektor trat ans Pult, hielt eine Ansprache. Er riet den Neuen, im 1. Semester möglichst nicht das eigene Fach zu studieren, sondern fremde Fakultäten zu besuchen. Er war fürs „Studium Generale". Das sei eine großartige Chance, die eine Universität jungen Menschen böte.

---

37 Asta = „Allgemeiner Studentenausschuss"

Dann händigte der Rektor – „Seine Magnifizenz“! – jedem Anfänger – auch den jungen Damen darunter – eine Urkunde aus. Einer nach dem anderen wurde aufgerufen.

Schließlich ertönte wieder feierliche Musik. Die Prozession zog aus. Nachdem der Zug den Saal verlassen hatte, erhoben sich auch die jungen Leute im Parkett. Sie waren jetzt Angehörige – sogar „Bürger“ der Freien Universität Berlin.

Das war zu Beginn des Sommersemesters 1960 so. Später gab es an der FU Berlin derartige Veranstaltungen nicht mehr. Sie waren der fortschreitenden Universitätsreform zum Opfer gefallen.

Darf ich Sie einladen?

Auch in hochpolitischen Zeiten schlich Amor durch die FU – wie er es an jeder Universität tat. Er streifte durch die Mensa, zog über den Campus, schaute in allen Cafeterien, Archiven und Bibliotheken nach, er hockte sich in Übungen, Seminare und Vorlesungen. Sogar Vollversammlungen, Sit-ins oder Demos ließ er nicht aus. Überall schaute er nach jungen Mädchen und jungen Männern, die auf Brautschau waren oder etwas einsam wirkten. Hatte er ein Pärchen entdeckt, schoss er schnell zwei rosa Pfeile ab. Die Blicke der jungen Menschen trafen sich, beide wurden leicht rot, und dann sprach der junge Mann das Mädchen an: „Darf ich Sie einladen?“ Ja, er sagte „Sie“, denn das gehörte sich so an der Uni.

Etwas befangen saßen die Zwei dann vielleicht in einem kleinen Restaurant in der Nähe – nur nicht in der Mensa! – und wussten nicht so recht, worüber sie sich unterhalten sollten.

„Welches Fach studieren Sie denn?" – „In welchem Semester sind Sie?" – „Wo wohnen Sie?"

Die Kommilitonen siezten sich. Das allgemeine „Du" hatte sich noch nicht durchgesetzt.

Später allerdings hieß es manchmal im Seminar: „Kommilitone, Du da hinten im roten Pullover, ich bin nicht ganz Deiner Meinung." Und dann fingen auch Dozenten an, Studenten zu duzen, und die Studenten duzten die Dozenten. Manche Lehrer sprachen aber dennoch: „Für das, was Du da verzapft hast, kann ich Dir nur 'ne ‚Vier' geben."

Schwarz, nicht rot

„Reform"universität hin oder her: Bei akademischen Prüfungen hatte man korrekt gekleidet zu erscheinen.

So geschah es, dass zu einer Diplomprüfung der in teilweisem Aufruhr begriffenen Universität drei Kandidaten erschienen, zwei junge Männer und eine junge Dame. Die Herren waren gekleidet, wie es sich gehörte: Dunkle Anzüge, weiße Hemden, silbergraue Krawatten. Sie hatten den Schlabberlook aus den Hörsälen und Seminarräumen abgelegt. Die junge Dame hatte das auch getan, aber sie trug statt der Alltagskleider ein knallrotes Kostüm.

Der prüfende Professor war irritiert. Er wahrte jedoch die Contenance und nahm die mündliche Prüfung der Kandidatin ab. Aber nach der Prüfung bat er sie zu einem persönlichen Gespräch und erklärte, dass man solchen unfeierlichen Aufzug bei einer akademischen Prüfung förderhin nicht mehr durchgehen lassen würde. Diesmal ließe er noch Milde walten und die wissenschaftlichen Leistungen der jungen Frau anerkennen, aber …

Es scheint, dass sich der Professor nicht durchgesetzt hatte. Die Dame machte fortan eine normale akademische Karriere an anderen deutschen Universitäten, und wenn Jahre später irgendwo an einer deutschen Universität Kandidaten zu Prüfungen antraten, grauste manchem Prüfer vor der Alltäglichkeit ihres Outfits.

Die Prüfer jedoch sagten nichts, auch nunmehr nicht …

Das Geld der Kommilitonen

1961 kassierte die FU, obwohl sie eine Reformuniversität war, Studiengebühren. Wer immatrikuliert wurde, musste zahlen. Auch das Belegen von Veranstaltungen kostete etwas. Das Geld zog die Kasse der Universität ein, die sich „Quästur" nannte. Hinter einem langen Tresen wie im Postamt oder Polizeirevier standen Angestellte (oder waren es Beamte?) der Universität. Davor waren die Studenten. Sie legten ihre Studienbücher auf den Tresen, die Bediensteten prüften die darin festgehaltenen Informationen, rechneten den Zahlbetrag aus und klebten – wenn die Studenten ihren Obolus an die Kasse errichtet hatten – entsprechende Wertmarken in die Bücher hinein. Voraussetzung war, dass die belegten Veranstaltungen vom jeweiligen Dozenten „testiert" waren – zum Beweis für die Teilnahme.

So generierte die FU Geld, und so taten es alle Universitäten in Deutschland. Im Zuge einer allgemeinen Hochschulreform – vorangetrieben von der aus SPD und FDP bestehenden sozial-liberalen Koalition in Bonn – wurden Testierzwang und

Studiengebühren abgeschafft; das Studium war fortan kostenfrei. In der Abschaffung des Testierzwanges war die FU Berlin keineswegs vorne. Diesen Schritt taten andere Hochschulen – wie zum Beispiel die Universität Hamburg – vor ihr.

Fackelzug für den Professor

Der verehrte Ordinarius Otto Stammer feierte einen „runden" Geburtstag. Es war an einem Oktobertag in den sechziger Jahren. Der Meister wohnte in einer Mietswohnung in Berlin-Wilmersdorf in ersten Stock, zweieinhalb Zimmer. Die Straße war gesäumt von vierstöckigen, hell getünchten Wohnhäusern und übersäht vom Laub der Straßenbäume. In der Nähe befand sich eine U-Bahnstation auf jener Linie, die nach Dahlem führte. Zum Zentrum der FU mochten es fünf Kilometer sein.

Um diese Jahreszeit dunkelte es schon früh. Das kam jenen Menschen entgegen, die sich mit Fackeln bewaffnet auf dem Bürgersteig vor dem Treppenaufgang des Ordinarius versammelten. Es waren Studenten und Assistenten des Hochschullehrers – etwa 300 Personen. Sie zündeten ihre Fackeln an und sangen akademische Lieder. So ehrten sie auf altmodische Weise ihren Professor und dankten ihm für seine Arbeit.

Wie ein Fürst erschien der Geehrte an einem Fenster seiner Behausung, winkte und bedankte sich. Eine Abordnung von drei Kommilitonen wurde in die Wohnung gebeten. Die drei sagten dort ihr Gratulationssprüchlein auf und wurden von der Hausfrau an die Kaffeetafel gebeten. Es gab Filterkaffee, Obstkuchen und Schlagsahne.

Nach einer Stunde waren die drei Gesandten wieder auf der Straße. Sie waren Teilnehmer einer alten akademischen Sitte, die alsbald an der FU eingestellt wurde.

Einer der drei Kommilitonen in der Abordnung war Horst Bosetzky.

Revolutionäre FU

Dutschke in der U-Bahn und im Seminar

„Podbielskiallee“, „Dahlem Dorf“, „Thielplatz“: Die U-Bahn fuhr unter freiem Himmel in einem Graben Richtung „Krumme Lanke“ im Südwesten Berlins. Der gelbe Zug war voll, denn es war kurz vor zehn, und viele junge Leute wollten zu ihren Lehrveranstaltungen. Diese begannen c.t. als Seminare, Vorlesungen, Colloquien oder Übungen. Sitzplätze in der Bahn gab es nicht mehr. Viele Fahrgäste mussten stehen. Unter denen war der Student Rudi Dutschke, der wie die meisten anderen am Thielplatz ausstieg. Von dort aus schwirrten die Studenten in alle Himmelsrichtungen – zu den Psychologen, Mathematikern, Juristen oder Philosophen und auch zu den Zeitungswissenschaftlern.

Ein Stück Weges in Fahrtrichtung musste Kommilitone Dutschke noch gehen. Dann betrat er einen Flachbau, in dessen Foyer eine Anzeigetafel prangte. Er wollte zu den Soziologen. Da stand es: „Raum 26, Stammer, Soziologie S, 10 – 12 Uhr“. Das Seminar fand also statt, und um 10:10 Uhr nahm der Student in einem schulklassenähnlichen Raum Platz. Auf der linken Seite war ein großes Fenster, durch das man den Campus beobachten konnte. In der Mitte dieses Campus schlängelte sich ein langer Weg, der führte zur Mensa. Dahinter waren die Gebäude der Juristischen Fakultät. Man sah Personen hin und her eilen: Studenten. Liebespaare verharrten. Diskussionsgruppen hatten sich auch gebildet.

Gegenüber vom Fenster im Innern des Seminarraumes war dessen Tür. Die ging pünktlich auf. Es erschienen der Reihenfolge nach: Der 1. Assistent – auch als „Oberassistent“ tituliert, der 2. Assistent, der Protokollant und schließlich er, der Professor, Inhaber des Lehrstuhls für „Allgemeine Soziologie“. Die Assistenten nahmen auf leergelassenen Stühlen in der ersten Reihe der „Klasse“ Platz, der Professor hinter dem vor dem Publikum aufgebauten Pult, und der Protokollant gleich neben ihm – Papier und Stift schon bereit.

Die Studenten beklopften diesen Einzug. Das Seminar begann.

Vorhin in der U-Bahn hatte Dutschke seine Mitreisenden unterhalten. Mit einer Hand hatte er sich am Zuggestänge festgehalten. Zu seinen Füßen war eine schäbige Aktentasche. So stand er da – leicht vorgebeugt mit stechenden Augen, immer wieder in die Stirne fliegenden Haaren und ganz offensichtlich mit seinen Zuhörern scherzend. Die meisten davon kannten ihn, denn Dutschke war ein Medienstar. Er war in Berliner Boulevardblättern ebenso abgebildet worden wie in Tages- oder Wochenzeitungen und Illustrierten. Meist wurde er als „Studentenführer“ tituliert, auch als „Oberchaot“, „FU-Kommunist“, „Anführer der Langhaarigen“ oder einfach als „Affe“. Im Fernsehen hatten ihn viele mit seiner Aktentasche über den Kudamm hüpfen sehen und vernommen, wie er im Chor mit anderen „Ho, Ho, Ho Chi Minh" oder „Bürger runter vom Balkon, reiht Euch ein beim Vietcong!" gerufen hatte. Die Mitreisenden wussten darüber hinaus zumeist, dass er SDS-Führer und dass der SDS die Jugendorganisation der SPD war, von der diese sich aber getrennt hatte.

Dann saß Dutschke im Seminar. Heute sollte ein Kommilitone aus seiner Hausarbeit über Carl Schmitt, den umstrittenen Staatsrechtler, vorlesen. Zuvor, in der Sprechstunde des Professors, war die Auswahl der zu zitierenden Stellen genau abgestimmt worden. Im Seminar klagte der akademische Lehrer erst einmal, dass 90 Minuten eigentlich viel zu wenig Zeit wären, um so einen komplizierten Geist wie den Schmitts auch nur annähernd zu würdigen. Dieses Lamento des Seminarleiters zog sich hin, und bald war es 10:30 Uhr.

Der vortragende Kommilitone des Tages durfte beginnen, seine Texte zu verlesen. Er trug den versammelten Seminaristen etwas über das Freund-Feind-Schema im Denken Schmitts vor. Sofort steuerte das auf die Frage zu, ob Schmitt ein Wegbereiter der Nazis gewesen sei. Da gab der Professor einen Zwischenkommentar ab. So richtig legte er sich dabei in der Einordnung Schmitts allerdings nicht fest. Dass er jedoch nicht als dessen Anhänger gelten wollte, wurde klar.

Da meldete sich Dutschke und tönte – nachdem ihm das Wort erteilt wurde – mit rauer Stimme: „Die Schmitts sind ja leider nicht ausgestorben. Sie gibt es immer noch. Man muss sie heute noch bekämpfen. Wir werfen unserem Seminarleiter in diesem Zusammenhang vor, dass er sich in die aktuelle Politik nicht einmischt. Statt hier in Dahlem zu sitzen, sollte er ins

Rathaus Schöneberg eilen und dort gegen die Kräfte des Monopolkapitals zu Felde ziehen!"

Das war ein dreifacher Tabubruch!

1. Dutschke hatte den Professor ohne seine akademischen Titel erwähnt!
2. Er hatte ihn wegen seines politischen Verhaltens kritisiert!
3. Er hatte die Politik über die Wissenschaft gestellt!

Die Seminaristen horchten auf. „**Wir** werfen unserem Seminarleiter vor…": Wer war „**wir**"? Meinte Dutschke den SDS, meinte er die ganze APO oder gar das Seminar?

Der Professor indes bewahrte Ruhe und stellte etwas umständlich dar, dass es langfristig wirksamer sei, in der Wissenschaft zu arbeiten, statt in der Politik. Die Wissenschaft nämlich ginge den Dingen auf den Grund, während die Politik nur töne.

Der Professor hatte sich – wie es damals hieß – für den „Elfenbeinturm" entschieden. Das sei gut so, meinten die meisten der anwesenden Seminaristen. Es wurde also weiter über Carl Schmitt debattiert und erörtert, wieviel er zum Nationalsozialismus beigetragen habe, obwohl er doch niemals Mitglieder der NSDAP[38] gewesen sei. Die Studenten diskutierten miteinander; der Professor dozierte. Was er sagte, schrieben die Kommilitonen in ihre Kladden.

Immerhin: Es blieb ein grundsätzliches Misstrauen gegen Schmitt im Raum.

---

[38] NSDAP = „Nationalsozialistische Deutsche Arbeiterpartei"

Dann rückte die Uhr auf „11:45". Der Seminarleiter bedauerte, nicht weitere Aspekte der „Staatslehre" Schmitts ansprechen zu können, aber die Zeit… Das Seminar klopfte, der Professor und „seine Herren" zogen ab.

Hinterher im Institut saßen der Professor, seine Assistenten und der Protokollant zur Nachbereitung zusammen. Der 2. Assistent fand den Auftritt Dutschkes ungebührlich. Über einen anwesenden „Professor Doktor" rede man schließlich mit seinen Titeln, das gehöre sich so. Der Oberassistent setzte einen drauf und schimpfte, es sei „wie bei den Nazis" gewesen. Das könne man sich nicht bieten lassen. Er jedenfalls finde, Dutschke trete auf wie ein Hitlerjunge und müsse von der Uni gefeuert werden. Man müsse sofort den Kanzler der Universität informieren.

Der Protokollant hingegen äußerte Gefallen an Dutschke. Der sei doch mutig, und Recht in der Sache habe er auch: „Vieles wäre wirklich besser, säßen Sie im Rathaus, Herr Professor und nicht diese Pfeifen dort."

Der Angesprochene lächelte: „Nein, nein! Ich bleibe hier. Ich will mich nicht mit den Wehners herumstreiten. Und der Herr Dutschke soll mir bloß nicht zu nahekommen. – Übrigens, dem Verfasser der Hausarbeit möchte ich eine ‚zwei bis drei' geben. Einverstanden?" – Alle nickten.

Der Seminarleiter hieß Prof. Dr. Otto Stammer.

Die „Keimzelle"

Die politischen Parteien hatten nicht nur Jugend-, sondern auch Studentenorganisationen. So gab es neben der „Jungen Union" (JU) bei der CDU/CSU den RCDS („Ring Christlich

Demokratischer Studenten") und bei der SPD neben den „Jungsozialisten" den SDS – jedenfalls bis 1961. Da hatte die SPD das „Godesberger Programm" verabschiedet und passte sich in allem der CDU/CSU – die bis dahin die Bundesrepublik regiert hatte – an. Bei dieser neuen Politik der Sozialdemokraten störte der SDS, und die SPD ersetzte ihn durch den SHB. Der SDS wurde von der SPD verfemt, entwickelte sich aber – zumindest in Berlin – zum Regiezentrum der APO. Auch der SHB rutschte in die Einflusszone der APO. Aber der SDS hatte Dutschke und andere „Führer", die den Takt vorgaben. Irgendwie war der Berliner SDS wie ein Geheimkolleg; seine Diskussionen wurden nicht öffentlich. Als Dutschke zum deutschen Medienstar aufstieg, Homestorys über seine Familie veröffentlicht wurden, war eine interne Abrechnung fällig. Die Genossen auf dem Campus erfuhren darüber wenig. Es war bekannt, dass es unterschiedliche Flügel beim SDS gab.

Die antiautoritären Kommunen dagegen interessierten zwar das allgemeine Publikum, weniger jedoch die Bewegung. Später ist vielen allein das Treiben der Kommunen im Gedächtnis haften geblieben, die Bewegung selbst dagegen weniger.

Der SDS löste sich 1970 auf.

Morgen werden Scheiben bei Springer klirren

Ein Assistentenkollege war SDSler und dort sehr aktiv. Er wusste stets, was die Revolutionäre vorhatten. Die Aktionen konnten noch so spontan erscheinen; sie waren minutiös geplant. Jedes Go-In, jede Demo, jedes Sit-In kamen nicht plötzlich zustande, sondern sie waren vorgedacht. Die Aktionen wurden inszeniert, und die wichtigsten Rollen darin vorab besetzt.

Einmal kündigte der Kollege sybillinisch an: „Morgen werden Scheiben bei Springer klirren!"

Anderntags zerbarst die Glassfassade im Eingang des Verlagshauses von Axel Springer, weil „revolutionäre Massen" es scheinbar spontan gestürmt hatten.

Wenn Ihr das nicht kapiert, liegt das an Eurer bürgerlichen Herkunft

Nachdem wenigstens am OSI[39] der FU eine – wenn auch blasse – revolutionäre Atmosphäre eingezogen war, erschien aus Griechenland ein Herr und hielt einen „Kapitalkurs" ab. Das geschah im Rahmen der Kritischen Universität, die neben dem offiziellen Lehrangebot der FU organisiert worden war.

Der Grieche war streng: Er machte es zur Aufgabe, Texte aus der Marx-Engels-Ausgabe der DDR – blau eingebundene Bücher, die man am Alexanderplatz in Ost-Berlin preiswert erstehen konnte – zu lesen und zu interpretieren. Eigentlich sollten die „bürgerlichen" Hörer diese Texte auch verstehen, doch das gelang selten. Die Texte waren zu altertümlich und zu verquast formuliert. Für den Griechen aber war die Sache klar: „Wenn Ihr das nicht kapiert, liegt das an Eurer bürgerlichen Herkunft!"

Die am Kurs teilnehmenden Assistenten und Assistenten „zur Anstellung" (z.A.) der FU schwiegen und schämten sich

39 OSI = „Otto-Suhr-Institut" der FU (Politikwissenschaftliches Institut). - Otto Suhr war Sozialdemokrat und Regierender Bürgermeister von Berlin (1955 - 1957).

ihrer „bürgerlichen Herkunft". Sie trösteten sich damit, dass sie durch ihre Teilnahme am Kurs ja schon ein Tabu der Zeit gebrochen hätten, denn der Ost-West-Gegensatz war immer noch so stark verankert, dass der Name „Karl Marx" eigentlich gar nicht hätte erwähnt werden dürfen. Das war schließlich etwas von „drüben", dem Reich, von „Mauer, Stacheldraht und Todesschüssen": der DDR also – und der hinter ihr stehenden UdSSR.[40]

Wie die Nazis?

Am OSI machten mehr und mehr Mitarbeiter als Aktivisten der APO auf sich aufmerksam. In West-Berlin machte die APO mobil. Auf dem Kurfürstendamm zogen Scharen junger Menschen die Häuserblocks entlang und skandierten – wie berichtet: „Ho, Ho Chi Min" oder „Bürger runter vom Balkon – reiht Euch ein beim Vietcong!" Das geschah in einer eingezingelten Halbstadt, die sich bis dato sicher war, dass sie ihre Freiheit den USA verdankte!

Deren Kriegsgegner war nun der Vietcong. In den Seminaren traten Studenten auf und riefen eine Revolution aus. Es sollte ein Umsturz sein, aber die Mehrheit zog nicht mit.

Über alles berichteten die Medien, und sie polemisierten ziemlich giftig über die APO. Die protestierenden Studenten wurden als „langhaarige Affen" bezeichnet, die lieber arbeiten gehen sollten. Besonders der Konzern des Verlegers Axel Springer bekämpfte „die Studenten". Der gläserne Eingang des

---

[40] UdSSR = „Union der Sozialistischen Sowjetrepubliken"/ Sowjetunion

Hochhauses Springers in der Berliner Kochstraße fiel (wie berichtet) in Scherben, und es tönte aus Studentenmündern: „Haut dem Springer auf die Finger!"

Im ZI6[41] der FU, dem Forschungsinstitut der Sozialwissenschaftler, saßen Assistenten beieinander und diskutierten die Lage. Die älteren fanden die Entwicklung bedrohlich. Sie fühlten sich an die Hitlerjugend und die Verbrechen der Nazis erinnert. Die Ordnung des Staates sei in Gefahr. Die jüngeren Assistenten aber waren begeistert. Endlich würde die formale Demokratie des westdeutschen Staates inhaltlich gefüllt. Die revolutionären Studenten wären keine dogmatischen Kommunisten, sondern selbstlose Idealisten.

Eine Einigung war nicht zu erzielen.

Vollversammlung an der FU[42]

Durch die Universität wehte ein Hauch von Kulturrevolution. Im Auditorium Maximum fand eine „Diskussionsveranstaltung" des AStA statt. Der Saal war überfüllt. Auf der Bühne stand ein Tisch, an dem – dichtbedrängt von Teilnehmern der Versammlung – „das Podium" saß. Dieses bestand aus Studentenfunktionären, die in diesen Tagen Idole der aufgewühlten Jungakademiker waren. Die Stimmung war antiautoritär; sie drückte sich in Spott, Zynismus und Aggressivität aus gegen alles, was als „etabliert" galt. In diesen Hexenkessel hatte sich der

41 ZI6 = „Zentralinstitut für Sozialwissenschaftliche Forschung", auch „Zentralinstitut 6" der FU

42 S. Jürgen Dittberner, Die FDP. Geschichte, Personen, Organisation, Perspektiven. Eine Einführung, Wiesbaden 2005, S. 12

neue Regierende Bürgermeister von West-Berlin, Klaus Schütz, gewagt.

Endlich durfte er reden. Hohn und Wut strömten ihm entgegen, und das Präsidium verstärkte dies durch Gesten und Bemerkungen. „Wofür kämpfen die Amerikaner in Vietnam?“, wurde der Bürgermeister unter anderem gefragt. Als seine Antworten den Protestlern nicht gefielen, hielt einer ein Plakat hoch, auf dem stand: „Solche Idioten regieren uns. Phrasen dreschen. Knüppel ins Genick, das ist Berliner Schütz-Politik.“ Der Auftritt fand ein vorzeitiges Ende, und später wurde der Bürgermeister über seine Erfahrungen zitiert: „Ihr müsst diesen Typen nur ins Gesicht sehen.“ [43]

Bei einer anderen Versammlung dieser Art wurde am gleichen Ort ein lokaler FDP-Politiker vorgestellt. Sofort schrieb einer mit Kreide an die Tafel: „Liberalismus = Faschismus“. Der FDPler kämpft sich durch die „Massen“ zur Tafel und löschte das Gleichheitszeichen. Die Geste imponierte. Zwar blieb das Misstrauen gegen den „liberalen Scheißer“, doch Zynismus oder Hass gab es nicht mehr in dieser Versammlung.

Die „akademischen Massen“ jener Tage waren spöttisch. Aber dogmatisiert waren sie nicht.

Rote Fahne aus Bettzeug

Sogar manche wissenschaftlichen Assistenten, die mit dem SDS nichts zu tun hatten, verspürten plötzlich Lust, Gesinnung mit-

---

43 Michael Ruetz, „Ihr müsst diesen Typen nur ins Gesicht sehen“ (Klaus Schütz, SPD). APO Berlin 1966-1969. Texte von Tilmann Fichter und Siegward Lönnendonker, Frankfurt a. Main 1980, S. 78 f

tels einer Roten Fahne zu zeigen. In alten Wochenschauen hatten sie Bilder gesehen, wie kommunistische Brigaden mit Schiebermützen durch Großstadtstraßen zogen, wie Balkons in Berlin-Wedding fahnengeschmückt waren, wie Rotarmisten ihre Flagge auf dem Berliner Reichstagsgebäude drapiert hatten, und sie hatten vor Augen, wie in der die Stadt umgebenden DDR Rote Fahnen allenthalben prangten.

Aber wie hängt man eine Fahne auf? Woher bekommt man überhaupt Fahnen? Eigentlich hatten diese Jungakademiker ja verinnerlicht, dass Fahnen Humbug aus vergangenen Zeiten waren. Die Nazis hatten schließlich Schindluder genug damit getrieben. Aber jetzt waren Revolution und Rote Fahnen – gerade in West-Berlin! – angesagt. Wenn die „Bürger“, diese Spießer, durch irgendetwas zu provozieren wären, dann musste es doch diese Fahne sein!

Nach den ideologischen kamen praktische Probleme: Stangen mussten her, um die Fahnen zu befestigen. Und vor allem die Fahnen selber – wo konnte man sie überhaupt bekommen?

Ein geübter Protestler wusste, wie es geht. Er schickte seine Kollegen in die Bettenläden und riet ihnen, dort rotes Bettzeug zu kaufen. Das war damals in Mode und daher feil.

Also strömten angehende Akademiker in den bürgerlichen Bezirken Berlins in die Bettenläden, um rotes Bettzeug zu kaufen. Von dieser Personengruppe hatten die Händler eigentlich am wenigsten Interesse an Bettzeug erwartet. Aber: „Und ist der Handel noch so klein, so bringt er mehr als Arbeit ein.“ Das rote Bettzeug ging meterweiser über die Ladentheken.

So bekam sogar das bürgerliche West-Berlin einen revolutionären Anstrich – und das mit tätiger Hilfe des kleinen Mittelstands.

Kein ausreichendes revolutionäres Bewusstsein beim Berufskollegen

Nicht alles war so einfach wie der Erwerb roten Betttuchs.

Der SDS war kein Kaffeekränzchen. Die Genossen heckten manche Aktionen aus, darunter womöglich auch einige illegale. Dafür besonders interessierte sich die Polizei. Sie wollte herausfinden, was die „Genossen" jeweils vorhatten. Diesen war die Neugier der Polizei nicht geheuer, und sie wollten sich nicht in die Karten gucken lassen. Auf Durchsuchungen in ihren Wohnungen hatten diese Genossen keine Lust.

Da kam ein SDS-Funktionär auf die Idee, einen ihm bekannten „liberalen Scheißer", der wie er FU-Assistent war, einzuspannen. Der Genosse fragte bei seinem Berufskollegen an, ob dieser eine Mappe mit möglicherweise widerrechtlichen Schriften und Plänen bei sich zu Hause deponieren könnte.

Der Berufskollege lehnte ab: So weit war sein revolutionäres Bewusstsein doch nicht entwickelt, dass er Dokumente und Pläne vor der Polizei verstecken mochte.

Einschusslöcher

Studenten und Assistenten lebten oft gemeinsam in großen Wohnungen. Bei den politischen Wohngemeinschaften herrschte weitgehend die alte Moral: Jeder Bewohner hatte ein eigenes Zimmer. Küche, Esszimmer und WC waren allerdings vergesellschaftet. Männer und Frauen hatten die Berliner Wohnungen gemeinsam gemietet.

In diesen Unterkünften wurde nicht nur gelernt oder studiert, sondern gerne auch gefeiert. Dazu wurden externe Kollegen eingeladen.

Partys waren allerdings noch nicht in, dafür aber Essensgelage an großen langen Tischen. Dabei wurde nicht nur gespeist, sondern auch kräftig gebechert.

Über einem dieser Tische hing ein großer Kronleuchter, und daneben waren drei schwarze Löcher zu sehen. „Das sind Einschusslöcher!", berichtete in fröhlicher Runde ein Bewohner stolz.

Eines Nachts seien mehrere Polizeibeamte in die Wohnung eingedrungen und hätten – vergebens natürlich – nach einer bundesweit zur Fahndung ausgeschriebenen Terroristin gesucht. In sämtliche Räume der Wohnung seien die schwer bewaffneten Polizisten eingebrochen, hätten dabei Schlafende geweckt und denen gehörige Schrecken eingejagt.

Derweil hielt ein junger Beamter im leeren Esszimmer mit seiner entsicherten Waffe Wache. Der Beamte sei so nervös gewesen, dass sich drei Schüsse lösten und in die Zimmerdecke sausten.

Am Ende seien die Polizisten unverrichteter Dinge abgezogen. Die Mieter der Wohnung jedoch hegten und pflegten die Einschüsse. Waren sie doch Trophäen, die davon zeugten, wie heftig ihr „revolutionärer Kampf" war…

Benno Ohnesorg[44]

Am 2. Juni 1967 wurde der Student Benno Ohnesorg, als dieser vor der Deutschen Oper gegen den Besuch des Schahs von Persien demonstrierte, erschossen. Die Empörung in der akademischen Jugend Deutschlands war unermesslich.

Zu Hause beim Jungassistenten war die Großmutter aus Bernau zu Besuch. Als sie nachmittags hörte, ihr Enkel wolle gleich zur Oper fahren, um gegen den Besuch des Schahs von Persien zu demonstrieren, legte sie Einspruch ein: Diese Demo würden eingeschleuste Kommunisten aufziehen, und diese wollten die west-berliner Studenten als „nützliche Idioten" benutzen.

Doch der Einspruch fruchtete nicht. Der Enkel ging hin! Vor der Oper waren Kommilitonen, Kollegen und Polizisten versammelt. Da drang die Botschaft durch, ein Student sei in der „Krummen Straße" – einer Nebenstraße – erschossen worden!

Der Enkel glaubte das nicht und verließ die Demo, um über das Radio die Wahrheit zu erfahren. Zu Hause hörte er den RIAS und den „SFB"[45]. Beide Sender berichteten: Ein Berliner Student sei in der Nähe der Oper von einem Polizisten erschossen worden. Sein Name sei Benno Ohnesorg.

„Unglaublich!", dachte der Enkel. „Ist es wieder soweit? Gehören die Morde an Rosa Luxemburg, Karl Liebknecht, Wal-

---

44 S. auch Beitrag „Kurras" in diesem Buch

45 SFB = „Sender Freies Berlin"/ deutscher Regionalsender der ARD

ter Rathenau und anderen doch nicht einer überwunden geglaubten Vergangenheit an? – Ist das Morden Teil der Politik in Deutschland?“

Am Morgen danach waren die Zeitungen voll von Bildern, die den sterbenden Ohnesorg zeigten. Er lag blutend neben einem „VW“-Käfer. Über ihn war eine junge Frau gebeugt, die ihm helfen oder trösten wollte: „Unglaublich!“

West-Berlin war auf einmal voll von Autos der Marken „Citroen“ und „Renault“ – „Enten“ und „R4s“. Die PKWs hatten schwarze Trauerflore an den Rückspiegeln. Das waren die Autos der trauernden Studenten West-Berlins, und sie beherrschten plötzlich die Stadt.

Arbeitskreis

Was hat der Struve wieder gesagt?

Klaus Schütz war Regierender Bürgermeister in West-Berlin, Staatssekretär im Auswärtigen Amt und später deutscher Botschafter in Israel. Er war Berater der SPD, hatte für Willy Brandt aus Amerika den Titel „Kanzlerkandidat“ eingeführt. Als Bürgermeister war er Hassobjekt der studentischen Protestbewegung APO. Landesweit bekannt wurde der APO-Spruch „Brecht dem Schütz die Gräten. Alle Macht den Räten“. Weniger martialisch hörte sich dies an: „Schützchen nimm' Dein Mützchen!“

Schütz war Gast des „Arbeitskreises Parteienforschung“ am Zentralinstitut für sozialwissenschaftliche Forschung der FU Berlin. Er plauderte dort vor älteren und jüngeren Assistenten über seine Ausbildung, seine Partei und seine politische Karriere. Ihm zur Seite saß Günter Struve, ein ehemaliger FU-Student. Dieser war damals Büroleiter des Regierenden. Später wurde er Programmdirektor des Ersten Deutschen Fernsehens. Struve hatte sich kritisch über die APO geäußert. Darauf von einem Assistenten angesprochen, spielte Schütz die Sache herunter und quittierte das Ganze mit einem Lächeln: „Was hat der Struve wieder gesagt?"

Ich hab' sogar promoviert

Den „Arbeitskreis Parteienforschung" leitete der Hochschullehrer des Soziologie-Seminars, das auch Rudi Dutschke besucht hatte: Otto Stammer. Der war ein in der Wissenschaft überregional angesehener Ordinarius und zugleich wackerer Sozialdemokrat. Er hatte offensichtlich das Bedürfnis, die Gästeliste des Arbeitskreises nicht vor „Sozis" wimmeln zu lassen. Ausgeglichenheit war eben schon zu dieser Zeit in der Bundesrepublik erstrebenswert. Also mussten auch „Bürgerliche" ran, um etwas aus dem Schatzkästlein zu plaudern.

Diesmal traf es Norbert Blüm. Der war jung (Jahrgang 1935), katholisch, CDU-Mitglied, stammte aus Rüsselsheim am Main und hatte über Ferdinand Tönnies promoviert. Er war ein Sozialwissenschaftler aus anderer Schule als der FU – zwar CDU-Mitglied, aber immerhin Funktionär der Sozialausschüsse.

Blüm kommentierte die APO-Dogmen aus Dahlem mit heiterer rheinischer Distanz. Das wurmte manchen Assistenten der FU, wo doch die APO Dringendes und Ernsthaftes auf die

Tagesordnung gesetzt hatte. Als aus der Assistentenschaft solcher Unmut artikuliert wurde, reagierte der junge Blüm coolwohlgemut: Er habe schließlich auch studiert, sogar promoviert und hätte eben seine Sicht der Dinge.

Fürs Dahlemer Biotop war Blüms Auftritt vor dem Arbeitskreis Parteienforschung Besuch aus einer anderen Welt, die ansonsten ausgeblendet wurde. Niemand ahnte, dass dieser Blüm nicht nur Bundesminister werden würde, sondern eines Tages – unter dem CDU-Mann Richard von Weizsäcker – sogar Berliner Senator.

Hätte ich Bundeskanzler werden wollen, wäre ich nicht zur FDP gegangen

Mit der Auswahl eines geeigneten FDP-Politikers schien der Leiter des Arbeitskreises größere Schwierigkeiten gehabt zu haben als bei der CDU. Die FDP war damals gerade im Übergang von der Mende-FDP zur Scheel-FDP begriffen und mauserte sich zur Hilfstruppe der SPD bei der Umsetzung einer „neuen Ostpolitik".[46] Oxfort war eigentlich ein traditioneller FDP-Politiker – eher konservativ. Und er war Berliner Lokalpolitiker, nachdem es ihm nicht gelungen war, auf der Bundesebene Fuß zu fassen. In Berlin aber war er Landes- und Fraktionsvorsitzender, wurde Justizsenator und Bürgermeister. Im Landesverband galt er als Repräsentant des „rechten" Flügels, der nach und nach gegen die „linken" Liberalen Terrain verlor.

---

46 S. Jürgen Dittberner, Die FDP. Geschichte, Personen, Organisation, Perspektiven. Eine Einführung. 2., überarbeitete und aktualisierte Auflage, Wiesbaden 2010

Die Haltung der Berliner FDP gegenüber der APO war aufgeschlossen, so dass das Diskussionsklima mit den FU-Mitgliedern moderat war. Oxfort konnte über innerparteiliche Abläufe seiner Liberalen berichten, ohne dass man ihm ins Wort fiel.

Der redegewandte Mann wirkte so staatsmännisch, dass sich bei einigen Assistenten die Frage aufdrängte, ob er nicht gerne Bundeskanzler werden wollte. Dem eitlen Lokalpolitiker schmeichelte dies sehr, aber er sah sich momentan im Schoße der – wenn auch aufmüpfigen – Wissenschaft und sagte abgeklärt: „Hätte ich Bundeskanzler werden wollen, wäre ich nicht zur FDP gegangen.“ Er wusste, dass er mit diesem Spruch keinen Ärger bekommen würde.

Zwischen der sozialwissenschaftlichen Assistentenschaft der FU Berlin und der Berliner FDP herrschte fortan so etwas wie wohlwollende Neutralität.

Wo sind die Revolutionäre?

Professor Giovanni Sartori aus Italien und Professor Stein Rokkan aus Norwegen tauchten eines Tages gemeinsam im Arbeitskreis Parteienforschung auf. Sie waren Kumpels des weltweit geachteten Professors aus Berlin, und jeder war für sich ein führender Politik- und Sozialwissenschaftler dieser Zeit. Wahrscheinlich hatten sie von der Berliner Studentenbewegung erfahren, und der Berliner Professor wird wohl gerne bereit gewesen sein, den Herren echte junge Revoluzzer vorzuführen, die Deutschland nach der schrecklichen Nazi-Zeit in eine ganz andere – linke – Richtung zu schieben schienen. Wie jede andere Zusammenkunft des Arbeitskreises auch fand diese in der

Bibliothek des ZI6 der FU Berlin in der Babelsberger Straße in Berlin-Wilmersdorf statt.

Sartori und Rokkan trugen ihr jeweiliges wissenschaftliches Kredo vor und wollten anschließend die jungen Revolutionäre von Berlin kennenlernen und studieren. Doch die Assistenten interessierten sich vor allem für unterschiedliche Ansätze der Parteienforschung bei Sartori und für die Verbindungen zwischen Politik- und Sozialwissenschaft bei Rokkan.

Die international renommierten Fachleute waren enttäuscht: „Wo sind die Revolutionäre?“, schienen sie zu denken. Dabei hatten sie sich offensichtlich in der Adresse geirrt. Denn sie besuchten gerade eine Versammlung von Nachwuchswissenschaftlern und waren nicht beim Sozialistischen Deutschen Studentenbund, dem SDS und extrem linken Studentenverband, gelandet.

Einer der Assistenten erlebte den Besuch profan – von einer anderen Seite her als allgemein erwartet: „Habt Ihr die großen Schuhe vom Rokkan gesehen? Das waren keine Schuhe mehr, das war schon Schuhwerk!“

Keine grundlegende Gesellschaftsanalyse

Der berühmte Soziologie-Professor war – wie berichtet – in der SPD eine große Nummer. Die Berliner SPD hätte ihn gerne zum Wissenschaftssenator gemacht. Er aber wollte die Wissenschaft nicht verlassen. Kritiker warfen ihm deshalb vor, er verschanze sich im Elfenbeinturm. Dort schwärmte er vom Austrosozialismus und von Waldemar von Knöringen, der sein Idol war. Und selbst zur Heil-Kur wollte er auf keinen Fall in eine sozialdemokratische Einrichtung gehen, denn dort wäre er von lauter weiteren Sozialdemokraten umgeben, und davor grauste ihm.

Einen prominenten Sozialdemokraten seiner Zeit mied und fürchtete dieser Professor zugleich: Herbert Wehner. Ihm warf er vor, er würde Politik machen ohne eine „grundlegende Gesellschaftsanalyse“. Daneben aber hatte es den Eindruck, dass der Professor den Genossen und prominenten Politiker persönlich mied, denn er fürchtete sich vor dessen rhetorischer Urgewalt, die bekannt war.

So stolz dieser Professor auf seinen Arbeitskreis Parteienforschung war, den er geschaffen und in dem er junge Assistenten zusammengeführt hatte: Herbert Wehner lud er nicht dorthin ein. Klaus Schütz, Norbert Blüm und viele andere waren willkommen, der Genosse Wehner aber partout nicht!

Und in den Berliner Senat zog dieser Professor auch niemals ein: Punktum!

Universitätsleben

Der 10er Bus

Im Auditorium Maximum fand jede Woche eine juristische Einführungsvorlesung für Studenten der Wirtschafts- und Sozialwissenschaft – also „Laien“ – statt. Kommende Volks- und Betriebswirte sowie angehende Soziologen erhielten die Möglichkeit, an den Geheimnissen der Jurisprudenz zu schnuppern. Die Sache war klinisch rein, denn „richtige“ Juristen mussten sich nicht zu derlei Exerzitien herablassen.

Exerzitien-Meister war ein Professor für Bürgerliches Recht, Handelsrecht, Zivilprozessrecht und Rechtsphilosophie.

Das Audimax war voll besetzt – „ausverkauft" hätte es beim Theater geheißen. Der Vortragende beanspruchte die gesamte breite Bühne für sich und trug von rechts nach links und von links nach rechts schreitend Fälle aus der Juristerei vor. Dabei verstand er es, den am Hörsaal regelmäßig vorbeifahrenden doppelstöckigen Bus einzubeziehen. Das herannahende Gefährt galt ihm als die Realität, als das wirkliche und tatsächliche Leben, das direkt auf die kniffligen Fälle seiner Disziplin prallte und unmittelbare Lösungen erzwang. Bei seinen Darlegungen schritt der Professor gefühlte 10 km pro Vorlesung ab.

Dann kam er zur entscheidenden Weiche: „Ich werde Ihnen jetzt den Unterschied zwischen materiellem und formellem Recht erklären." Im schönen Überlegenheitsgefühl eines Akademikers alter Schule fügte er hinzu: „Wenn Sie diesen Unterschied nicht begreifen, ist es nicht so schlimm. Sie müssen nicht Volks-, Betriebswirt oder Soziologe werden: Fliesenleger, Maler oder Maurer sind doch auch schöne Berufe!"

Und was machen Sie nachts?

Ein Kollege des Juristen war ein Mitbegründer der Freien Universität und der Ost-CDU. An der FU war er Direktor des Instituts für Publizistik. Der Professor gilt als Vater der Wissenschaft von der Publizistik, setzte sich aber dafür ein, seine Disziplin „Zeitungslehre" zu nennen. Seine bei Göschen veröffentlichte „Zeitungslehre" war das Nonplusultra seines Fachs. Rundfunk und Fernsehen seien bloß Derivate der Zeitungen und Zeitschriften, denn auch hier müsse der Redakteur streng darauf achten, dass er bei seinem Tun Nachrichten und Meinung erkennbar voneinander trenne.

Im Übrigen konnte man bei diesem Mann auch Praktisches über Zeitungen und Zeitschriften erfahren, so zum Beispiel, dass einige Blätter im „Rheinischen" und andere im „Berliner" Format erschienen. Das kleinere Berliner Format sei entwickelt worden, weil es in U-Bahnen und Bussen handlicher sei als das große Rheinische Format.

Auch dieser Mann ging mit der Zeit. Für Hörer aller Fakultäten bot er – wie der Jurist im Audimax – eine Großveranstaltung an, die sich „Das aktuelle Ereignis in Wort, Schrift und Bild" nannte. Auch bei ihm war der Saal rappelvoll. Auf eine große Leinwand ließ er Zeitungsausschnitte und Bilder projizieren. Wenn er über ein Bild lange genug gesprochen hatte, rief er einem unsichtbaren Vorführer streng zu: „Nächstes Bild bitte!" – Sein spektakulärstes Thema war der Präsidentschaftswahlkampf zwischen Richard Nixon und John F. Kennedy in den USA. Für damalige Verhältnisse unerhörter Weise bescheinigte der Professor dem Demokraten „Sexappeal", und dann ließ er einen kleinen Film über das ferne Duell ablaufen: Das kam bei den Hörern sehr gut an.

Selbst im Seminar nahm dieser Lehrer kein Blatt vor den Mund. „Semesterferien" nannte er „Zwischensemester", und als eine Studentin sich entschuldigte, weil sie es nicht geschafft hätte, ihre Arbeit pünktlich abzugeben, empörte er sich: „Und was machen Sie nachts?" – Jahre später hätte er sich einen derartigen Spruch verkneifen müssen…

Ernst Deutsch darf nuscheln

Das Fach „Theaterwissenschaft" lockte viele der kunstbeflissenen Studenten an. Aus einem entsprechenden Institut heraus wurde für Hörer aller Fakultäten eine Vorlesung angeboten, die den aktuellen Theaterspielplan Berlins analysierte. Ein Star auf den Brettern, die die Welt bedeuten, war in jener Zeit der Mime Ernst Deutsch. Er spielte am „Schiller-Theater“ und erntete höchste Anerkennung in der Aufführung von „Nathan der Weise“.

Das wissenschaftliche Urteil über diese Inszenierung lautete: „Ernst Deutsch ist so großartig, er darf auf der Bühne sogar nuscheln“.

Alles, nur nicht Wöhe

Günter Wöhe hatte zusammen mit Ulrich Döring ein Buch – einen „Reader“ – veröffentlicht mit dem Titel „Einführung in die allgemeine Betriebswirtschaftslehre“. Das Buch hatte x Auflagen erfahren und Studenten – vor allem, wenn die Betriebswirtschaftslehre ein Nebenfach war – als Vorbereitungswerk für jegliche mündlichen Prüfungen gedient. Alle wichtigen Fachvertreter und Problemfelder wurden hier behandelt.

Auch an der FU wurde Betriebswirtschaftslehre – „BWL“ genannt – gelehrt. Jedoch hier wollte man den allgemeinen Trend meiden. Die „Umfrageforschung“ – damals die große aus den USA importierte Mode – wurde der BWL zugeschlagen und fand einen festen Platz in der Lehre. Viel wichtiger jedoch war die Verbannung „des Wöhe“. Dieser Name durfte nicht fallen, vor allem in Examen nicht. Und so büffelten zahlreiche Studenten ihren Wöhe, erwähnten ihn aber vor allem in Prüfungen niemals. Das gab gute Noten.

Ein Teil der BWL war auch die „Standortbestimmungslehre“. Sie besagte, dass beispielsweise eine Fabrik in günstiger Lage errichtet werden sollte mit Straßen-, Bahn- oder

Schiffsanbindung. Diese und andere Faktoren mussten heruntergeleiert werden, das gab – solange der Name Wöhe nicht erwähnt wurde, gute Bewertungen.

So kam die Betriebswirtschaftslehre an der Freien Universität Berlin zu einem überdurchschnittlichen Notenniveau.

VWL und Erbsensuppe

Im Unterschied zur BWL war die Volkswirtschaftslehre – („VWL") – eine wenig unumstrittene Wissenschaft. Der Ordinarius für dieses Fach hielt zu unchristlicher Frühe Vorlesungen – er natürlich in den Räumen der Wirtschafts- und Sozialwissenschaftlichen Fakultät – mit dem wenig originellen Titel „Allgemeine Volkswirtschaftslehre". Eigentlich konnten die Studenten alle Ausführungen zu diesem Fach bei Göschen nachlesen, denn dort war das alles veröffentlicht. Aber trotz der Frühe, trotz der Spröde des Stoffs und trotz der monotonen und leisen Vortragsart des Dozenten, war der große Hörsaal – einmal in der Woche – immer voll. Inmitten der Masse der Hörer schlief sich mancher Jungakademiker aus, aber Präsenz musste sein: Es herrschte ja noch Testat-Pflicht, und der Besuch einer Lehrveranstaltung in VWL musste durch die Unterschrift des Dozenten im Studienbuch belegt werden.

Immerhin lernten die Hörer die Prinzipien des relativen Nutzens von Begehrenswertem und des abnehmenden Nutzens: Ein satter Mensch ist schließlich weniger begierig auf einen Teller Erbsenpuppe als ein hungriger. Und wenn ein hungriger Mensch eine Erbsensuppe nach der anderen vertilgt, begehrt er diese Speise immer weniger…

Chi-Quadrat und Summe der natürlichen Zahlen

Wer Wirtschafts- oder Sozialwissenschaften studierte, musste einen Statistik-Schein erwerben. Das war mit dem Besuch einer Statistik-Vorlesung und einer mündlichen Prüfung verbunden, wobei die „Studies“ einige neue Aspekte des Lebens entdeckten. Die Statistik hatte nämlich herausgefunden, dass in früheren Zeiten vor Kriegen mehr Jungen als Mädchen geboren würden. Wurden da mehr Soldaten gebraucht?

Und eines formten die Statistiker zu dem kessen Spruch „Der ungeborene Sohn ist der Vater vieler Töchter.“ Das beruhte auf der Beobachtung, dass es viele junge Paare gab, die sich einen Sohn – damals noch „Stammhalter“ genannt – als Nachwuchs wünschten. Wenn die Natur nicht mitspielte, versuchten sie es eben noch einmal, und dann noch einmal. Irgendwann hatten die Statistiker ihren Spruch.

Auch mit einem „Paradoxon“ konnte die Statistik aufwarten: Starteten bei einer Fluglinie viele Flieger, erhöhte sich mit jedem Abflug die Wahrscheinlichkeit eines Absturzes. Aber jede einzelne Maschine hatte dennoch immer die gleiche geringe „Chance“ eines Unglücks. – Auch sei es möglich, dass alle Autos Berlins zur gleichen Sekunde den Kurfürstendamm befahren wollten, wenngleich das sehr unwahrscheinlich war.

Der solches vortrug, war ein Statistik-Professor mit einem kleinen Sprachfehler. Besonders lustig war es, wenn er über „Ch…., Ch…, Chi-Quadrat“ oder die „S…, S…, Summe der natürlichen Zahlen“ sprach.

Die Studenten liebten ihn. Wenn einer seinen Statistik-Schein mit „3“ erwarb, tröstete der Professor: „Das sind die, die später promovieren.“

Und damit hatte er oft recht.

Da gibt's nichts zum Lachen

Das „Institut für Publizistik" passte sich dem Zeitgeist an und behandelte nicht nur das Zeitungswesen in der Weimarer Republik, löste sich also vom „Rheinischen" und „Berliner Format" und behandelte – vermeintlich APO-konform – die Publizistik im „anderen Deutschland", also in der DDR. Die Nazi-Zeit dagegen wurde eher stiefmütterlich untersucht.

Nur wäre es allerdings zu billig gewesen, einfach das „Neue Deutschland" oder die „Berliner Zeitung" vom Tage unter die Lupe zu nehmen. Nein, man studierte Exemplare aus dem Fundus der kommunistischen Kultur. Der „Rote Wedding" erstrahlte neu, und man erinnerte sich an das Arbeiterlied „Brüder zur Sonne zu Freiheit" und auch „Der kleine Trompeter" von Hannes Wader kam auf den akademischen Seziertisch, denn er gehörte zum Repertoire.

Es tönte also: „Da kam eine feindliche Kugel bei einem so fröhlichen Spiel. Mit einem seligen Lächeln unser kleiner Trompeter schied."

Einigen FU-Studenten schien der Song nicht ans Herz zu greifen. Da ermahnte sie die Dozentin für Publizistik an der Freien Universität Berlin: „Beim Lied vom kleinen Trompeter gibt's nichts zum Lachen!"

Die Damen und Herren Studenten nicken einvernehmlich.

Prüfungen

Der Professor hat keinen Sekt da

Höhepunkt und Abschluss studentischen Lebens war oft die Promotion.

Der Doktorvater Otto Stammer nahm die Schlussprüfung ab. Ihm zur rechten Seite saßen zwei Wissenschaftliche Assistenten – beide ihrerseits bereits promoviert. Sie schauten ernst drein. Zur linken Seite hockte ein Wissenschaftlicher Assistent zur Anstellung – ein „z.A." also – über einen Schreibblock gebeugt: Das war der Protokollant.

Dem Professor gegenüber hatten drei Kandidaten Platz genommen, wie Konfirmanden in dunkle Anzüge gezwängt. Der Prüfer thronte mit seinen drei Helfern hinter einem gewaltigen Schreibtisch. Hinter ihnen war die Tür zum Sekretariat. Diese wurde geschlossen, und das Vorzimmer war mitsamt der Sekretärin verschwunden.

Nun waren sie dran, die drei Kandidaten.

Der eine war ein Neuköllner Junge – hinter schläfriger Fassade hellwach. Normalerweise liebte er es, das Leben zu verspotten, also zu – wie er sagte – „lästern". Das war ihm heute allerdings verwehrt. Hochkonzentriert hing er an den Lippen des Hochschullehrers, und man war sich sicher, dass er den nicht enttäuschen wollte, denn der Neuköllner war schließlich ein profunder Kenner der wissenschaftlichen Materie, um die es hier ging. – Zu Hause war er ohnehin der Familienstar. Die Mutter projizierte in ihn das Höhere und Feinere, das sie heimlich für sich selber ersehnte, aber niemals erreichen konnte. Der Vater – ein echter Kerl – war als mittlerer Postbeamter einfach stolz auf seinen Sohn, der es in jungen Jahren schon so weit gebracht hatte: Bei einer Weltfirma hätte er Karriere machen können, zog es aber vor, in die Tiefen der Wissenschaft einzudringen und obendrein mit dem Beruf eines Schriftstellers zu liebäugeln, den er später auch ausüben sollte. Nun lauerte der Junge darauf, auf der akademischen Karriereleiter eine neue Stufe zu erklimmen.

Der Zweite war ein typischer Aufsteiger. Überaus korrekt gekleidet und gebürstet war er erschienen und konnte es gar nicht fassen, es schon so weit im akademischen Leben nach oben geschafft zu haben, dass ihm nun die zwei Buchstaben „D“ und „R“ vor dem Namen winkten. Wenn das die Lehrer aus der Schule sehen könnten! – Daheim in der Küche der Zweieinhalbzimmer-Wohnung saßen sie derweil da – die Mutter, der Vater und die kleine Schwester. Sie bangten vom fernen Spandau aus um den Jungen: Die ehemalige Verkäuferin, der aktive Kriminalsekretär und die 15-jährige Schülerin. Sie alle hofften, der Sohn würde nicht durchfallen, und genau das war auch die größte Furcht des Prüflings selbst.

Der dritte Kandidat kam großbürgerlich daher. Sein Vater war ein berühmter Chemie-Professor an der Technischen Universität Berlin (TU), seine Mutter Studienrätin für Deutsch und Geschichte am „Goethe-Gymnasium“ in Berlin-Wilmersdorf. Dieser Doktorand hatte zwei ältere Geschwister – eine Schwester und einen Bruder. Die Schwester war 30 Jahre alt und schon Stadträtin für Jugend und Familie in Berlin-Zehlendorf. Sie gehörte der CDU an. Der 27-jährige Bruder war Anwalt und Mitglied einer Sozietät, die am Kurfürstendamm praktizierte. Er –

der Jüngste also – wollte mit seinen 25 Jahren jetzt endlich seinen „Doktor bauen" und war sich einer künftigen wissenschaftlichen Karriere gewiss. Die Familie zu Hause besaß eine Villa in Dahlem, und gerne teilte der jüngste Spross seinen Kommilitonen mit, dass er als Sohn eines Professors „natürlich" keine Studiengebühren zahlte.

Der Professorensohn betrachtete seinen Prüfer kumpelhaft; der Neuköllner Junge beobachtete ihn distanziert, und der Polizistensohn hing ehrfurchtsvoll an den Lippen des etablierten Wissenschaftlers.

Prüfungsfach war „Politische Soziologie". Für alle drei Kandidaten war dies die letzte Prüfung ihres Rigorosums. Es begann ein munterer Wortwechsel über den Schreibtisch hinweg. Der „z.A." schrieb und schrieb, blätterte immer wieder neue Seiten auf. Der Prüfer lenkte das Gespräch auf die politischen Parteien und andere Großorganisationen (vergaß dabei die Gewerkschaften nicht), wollte einiges über die Methoden der Soziologie wissen – vertiefte sich dabei in die Karriereforschung – fragte die Kenntnisse der Kandidaten über die Werke wichtiger Klassiker ab.

Nach einer Stunde brach der Professor ab und verkündete, alle drei hätten bestanden. Er stand auf, gratulierte den dreien, nickte den Assistenten zu, öffnete die Tür zum Vorzimmer und verkündete der Sekretärin: „Alle drei bestanden! Noten folgen." Dann steuerte er den Garderobenständer an, wollte Hut und Mantel ergreifen, doch jäh hielt ihn die Sekretärin davon ab: „Herr Professor! Das geht doch nicht. Hier haben eben drei junge Menschen den Doktorgrad erworben. Darauf müssen wir doch anstoßen – mit Sekt!" – „So? Nun gut! Werden sowieso alle drei eines Tages Professoren sein." Der Professor ließ von der Garderobe ab. Der Protokollant wurde in den nächsten Laden geschickt, um eine Flasche Sekt zu kaufen. Derweil stellte die Sekretärin acht Gläser auf den Schreibtisch, putzte sie aus, und als der Protokollant mit einer Flasche „Henkel trocken" zurückkam, wurde eingegossen. Dann hieß es allgemein: „Wohlsein! Herzlichen Glückwunsch!"

Der Junge aus Neukölln fand die Szene komisch, der aus Dahlem hielt sie für spießig, und der Spandauer Polizistensohn schwebte im siebenten Himmel.

Der Professor ergriff nun endlich Hut und Mantel. „Auf Widersehen, Doktoren!" Er verließ das Büro und stürmte dem nächsten Termin zu.

Der Doktorvater sollte Recht behalten: Alle drei jungen Doktoren dieses Tages wurden später selbst Professoren – aber keiner an der FU!

Rigorosum als Kaffeekränzchen

Der Doktoranden-Abschlussprüfung beim berühmten Soziologie-Professor in dessen Büro war für den Polizistensohn eine Teilprüfung bei einem Politologie-Professor vorausgegangen. Der Prüfer war ein aus den USA heimgekehrter jüdischer Emigrant und einer der Pfeiler des OSI.

Der Doktorand war für 16 Uhr in die Dahlemer Villa des Professors geladen. Fünf Minuten davor klingelte er an der Pforte und wurde von der Hausfrau sogleich in die „gute Stube" gebeten. Dort war für drei Personen zu Kaffee und Kuchen gedeckt. Es roch nach frisch gebrühtem Filterkaffee, und der Kandidat fühlte sich in den Salon seiner vornehmsten Verwandten, einer alten Tante, versetzt. Der Hausherr hier hatte bereits am Kaffeetisch Platz genommen, der Prüfling begrüßte ihn ehrfurchtsvoll, und die Dame des Hauses gesellte sich dazu. Der Prüfer fragte seinen Kandidaten aus: Wie es ihm denn so ginge, was der Kollege von der Soziologie mache und wie das dortige Institut laufe, welche Berufspläne der junge Mann habe und was ihn zur Politischen Wissenschaft geführt habe. Daran schloss sich ein Fachgespräch über Karl Marx und Max Weber an, welches der Professor schließlich mit Verweis auf den aufgetanen Kuchen abbrach.

Es war ein netter Kaffeenachmittag in wohnlicher, bürgerlicher Atmosphäre. Später im Prüfungsbüro des OSI erfuhr der Kandidat, dass der Professor diese Teilprüfung mit „gut" bewertet hatte.

Rundherum

Ein internationales Ass

Veteranen der nach 1945 gegründeten Freien Universität Berlin berichteten, dass es vor der APO-Zeit auch an der „Reform"-universität gelegentlich recht altertümlich zugegangen war.

Eine junge und hoffnungsvolle Studentin der Sozialwissenschaft wollte promovieren und legte ihrer Fakultät ihre Doktorarbeit vor. Wie es üblich war, wurde ein fachlich zuständiger Professor und ein fachfremder der gleichen Fakultät mit der Begutachtung der Schrift beauftragt. Der Professor vom Fach war in seinem Erstgutachten des Lobes voll; doch der Fachfremde lehnte die Begutachtung mit der Begründung ab,

Frauen gehörten nicht in den Hörsaal, sondern vor Herd und Kochtopf.

Die junge Wissenschaftlerin fand einen anderen Zweitgutachter, bestand die neue Prüfung mit Bravour und wurde später eine der weltweiten Berühmtheiten ihres Fachs – ein internationales Ass.

Fischbuletten, Zigaretten und CDU-Unterlagen

Ein Assistent am ZI6 der FU hielt sich für sehr progressiv sogar auch innerhalb der APO. Er promovierte zwar, schloss sich aber der Arbeiterschaft an und verdingte sich als Busfahrer. Seinem Erstgeborenen gab es den Vornamen „Mao“, und wenn er nicht den Bus steuerte, fuhr er mit einem uralten PKW durch Berlin. Dabei biss er gelegentlich in mitgeführte Fischbuletten, deren Reste danach in irgendwelchen Winkeln seines Autos lagerten. Im Übrigen war er Kettenraucher. Wo er ging und stand, war er von Zigarettenstummeln umgeben.

Fachlich war dieser Assistent voll auf der Höhe, zudem ein blendender Diskutant. Zweifellos hatte er das Zeug, einmal sämtliche akademischen Weihen zu erlagen.

Dieser Assistent erhielt von seinem Institut den Auftrag, die CDU-Bundesgeschäftsstelle in Bonn zu aktivieren, um von dort regelmäßig Parteimaterialien – Periodika aller Art wie Broschüren, Plakate oder Wahlgeschenke – für das heimische Archiv zu bekommen. Zu dieser „Mission Materialbeschaffung“ fuhr er, begleitet von einem Kollegen, von Berlin nach Bonn, wo er verhandelte.

Die Autofahrt von der Spree an den Rhein war kein reines Vergnügen, denn die Fischbuletten entfalteten ebenso wie die

Kippen ihr jeweiliges Aroma, und im alten klapprigen Auto zog es reichlich bei höheren Geschwindigkeiten. In Bonn jedoch parlierte der selbsternannte „Maoist“ locker mit CDU-Granden, weltmännisch die Zigarette – „Gauloises“ natürlich – in der Hand.

Am Ende erhielt er alle gewünschten Materialien. Diese Dienstreise hatte sich gelohnt.

Landeskind des Freistaates

Ein anderer Assistentenkollege war bei der Bayerischen CSU in München wie beim ZI6 in Berlin gleichermaßen hoch angesehen. Er hatte mehrere Bücher über die konservative Regionalpartei veröffentlicht, die Freund und Feind als Standardlektüre über die CSU galten.

Für diesen galt zweierlei:

1. Als geborener Franke war er Landeskind des Freistaates.
2. Regelmäßig fuhr er mit seinem PKW von Berlin nach München, um „CSU-Material“ für das Parteienarchiv des ZI6 der FU zu bekommen. Dabei musste er sowohl bei der Hin- wie auch bei der Rückfahrt die Transitstrecke durch die DDR benutzen und sich sowohl am Grenzübergang Hof als auch in Berlin Kontrollen durch die östliche Volkspolizei und die Westpolizei unterziehen lassen.

Nach einem wiederum erfolgreichen „Fischzug“ in München zuckelte der Nachwuchswissenschaftler nach Berlin, um seinem Institut neue „Beute“ zu bringen.

Bei der „Einreise“ in die DDR sichtete ein Volkspolizist die CSU-Materialien ausführlich und schlug vor, solches doch künftig auch den Behörden der DDR und der „Stasi“ zugänglich zu machen. Der Assistent weigerte sich.

In Berlin wurde der Institutsleiter informiert, und der „meldete“ den Vorfall sogleich den Behörden West-Berlins. Die taten offensichtlich nichts, und die Sache ging aus wie das Hornberger Schießen.

Fahren Sie bloß keinen Renault[47]

Adolf von Thadden hatte seine Parteizentrale in Hannover. In der zweiten Hälfte der sechziger Jahre war seine 1963 gegründete NPD[48] parlamentarisch auf dem Vormarsch. In einige Landesparlamente war die neue Partei eingezogen, und die Meinungsumfragen sprachen den Rechten ein Stimmenpotential von 15 Prozent zu. Adolf von Thadden war Vorsitzender der scheinbar unaufhaltsam aufsteigenden Partei, die sich weder mit der Teilung Deutschlands noch mit der Abtretung der Ostgebiete abfinden mochte. Gegenüber den Rechten und Neonationalen der neunziger Jahre waren die Nationaldemokraten verbal vorsichtig. Noch gab es keine Gelegenheit, gegen die multikulturelle Gesellschaft oder gegen vermeintlich zu viele Ausländer in der Bundesrepublik zu polemisieren; noch wagte man es nicht, offen für eine Relativierung der Verbrechen der Nazis einzutreten; noch zog man nicht gegen die europäischen

[47] S. Jürgen Dittberner, Neuer Staat mit alten Parteien? Die deutschen Parteien nach der Wiedervereinigung, Opladen/Wiesbaden 1997, S. 241 ff

[48] NPD = „Nationaldemokratische Partei Deutschlands“ / Rechts-konservative Partei

Einigungsbemühungen zu Felde. Aber Werte wie Volk, Rasse, Gemeinschaft und Nation spielten in der NPD-Ideologie große Rollen. Man sah sich als Elite, die gegen die Früchte der alliierten Reeducation nach 1945 zu Felde ziehen müsse.

Die Methode, mit der man Anhänger band, war die gleiche wie später. Es wurden Andeutungen gemacht, damit Gesinnungsgenossen zwischen den Zeilen lesen konnten, was wirklich gemeint war. „Dass die Nazis Juden ermordet haben", hieß es vielfach, „halten auch wir für ein Verbrechen." Aber andere Völker hätten auch Massenmorde begangen, die Russen beispielsweise an polnischen Offizieren in Katyn. Darüber würde nicht geredet. Außerdem sei Krieg gewesen. Und obendrein hätte niemand den assimilierten deutschen Juden ein Haar gekrümmt, wären da nicht in den 20er Jahren so viele Ostjuden nach Deutschland eingewandert. Ganze Stadtviertel seien geprägt worden von schwarz gekleideten Orthodoxen mit Ringellöckchen und breiten Hüten ...

„Aber", „hätte", „außerdem": Nirgendwo verbreiteten die NPD oder Herr von Thadden das, was später „Auschwitz-Lüge" genannt wurde. Dennoch wurde das Verbrechen relativiert, erklärt, abgemildert. Und alle, die davon nichts mehr hören, die Schluss machen wollten mit der Ächtung des Nationalsozialismus und meinten, alles sei anders gewesen, verstanden es recht: Hier ist unsere Partei, hier sind unsere Politiker, die so denken wie wir. Die Rechten in der Bundesrepublik hatten eine Technik entwickelt, sich für arglose Betrachter harmlos auszudrücken, für Kenner und Gesinnungsgenossen aber national, völkisch und minderheitenfeindlich.

So war auch Adolf von Thadden. In seinem Büro in Hannover erhielt er Besuch von zwei wissenschaftlichen Assistenten der Freien Universität Berlin. Diese FU war als ein Quell der studentischen Protestbewegung bekannt, als „linke Chaotenuniversität" besonders in rechten Kreisen verschrien, und die NPD war als Partei alter Nazis, von denen es damals noch einige gab, verdächtig.

Zwei Welten stießen aufeinander. Die jungen Politikwissenschaftler hatten die Schriften der NPD studiert und festgestellt, dass man sich dort formal streng im Rahmen des Grundgesetzes bewegte. Als seien die Autoren von Rechtsanwälten beraten worden, ließ sich kein einziges Wörtlein finden, das mit dem Wesen des Grundgesetzes kollidierte. Die freiheitlich-demokratische Grundordnung war angeblich auch für die NPD die optimale Staatsform. Allerdings wollte man die Verfassung so ändern, dass das Volk durch Volksentscheide mehr Macht bekäme, und die Stellung des Bundespräsidenten sollte dazu gestärkt werden. Die Partei wusste, dass viele ihrer Gegner sie gerne für verfassungsfeindlich hätten erklären lassen, wie es 1952 der SRP[49] ergangen war. Also führten sich deren Nachfolger als Liebhaber der freiheitlich-demokratischen Verfassung auf. Reformen strebten sie nur auf legalem Wege an. Doch je heftiger die Verfassungstreue betont wurde, desto fester fassten die universitären Beobachter den Verdacht, eigentlich wollten die Rechten diese Verfassung abschaffen.

Da hätten die FU-Assistenten aus dem Vorsitzenden gerne etwas herausgehört. Doch der redete wie ein durchschnittlicher CDU-Politiker, war für den Parlamentarismus, die soziale Marktwirtschaft und die NATO. Sogar für die Beweggründe

---

49 SRP = „Sozialistischen Reichspartei"

der APO konnte er ein gewisses Anfangsverständnis aufbringen. Auf die Wiedervereinigung des „dreigeteilten" Deutschlands allerdings wollte er nicht verzichten, und Berlin sollte wieder die Hauptstadt Deutschlands werden. Eine Lieblingsaussage des Gastgebers war, dass er und seine Partei ihre Ziele nur auf parlamentarischem Wege durchsetzen wollten.

Thadden war ein viel zu erfahrener alter Fuchs, als dass er sich von zwei Assistenten der Politikwissenschaft hätte aufs Kreuz legen lassen. Er war schon Vorsitzender der gescheiterten DRP[50] gewesen. In der neugegründeten NPD hatte man Thadden zunächst für zu radikal gehalten und den gemäßigten Friedrich Thielen zum Vorsitzenden gewählt, bevor die Partei 1967 dann doch auf den profilierten Thadden zurückgriff.

Ein wenig dem Klischee gemäß verhielt sich der rechte Edelmann, der ansonsten sehr weltgewandt zu parlieren wusste, beim Abschied der Gäste doch noch. Die Berliner berichteten, sie müssten sich beeilen für die Rückfahrt, denn ihr PKW sei in der Werkstatt, damit er nicht auf der Transitstrecke zurück durch die DDR wieder stottere, wie er es auf der Hinreise getan habe. Thadden erkundigte sich nach dem Fabrikat des Autos. „Es ist ein Renault."

„Tja, wenn Sie auch kein deutsches Auto fahren ..."

Gesine Schwan und das OSI

1966 erging ein Ruf für das Gebiet Geschichte der politischen Theorien an einen neuen Professor am OSI. Dieser engagierte sich stark in der Bildungspolitik. Linksradikale Studenten attackierten ihn, und er entwickelte sich zu einem Konservativen.

---

50 DRP = „Deutsche Reichspartei"

Er wurde Mitglied der „Notgemeinschaft für eine freie Universität". Bei Versammlungen an der aufgewühlten FU übernahm er offensichtlich gerne die die Rolle des rechten Gegenspielers sich revolutionär gebender Gruppen.

Lange Jahre war dieser früh verstorbene Professor mit Gesine Schwan verheiratet. Auch sie war Professor am OSI, sogar dort Dekanin. Später bekleidete sie das Amt der Präsidentin der wiedergegründeten Universität „Viadrina" in Frankfurt/O. 2004 sowie 2009 war sie erfolglose Kandidatin der SPD bei der Bundespräsidentenwahl.

Die beiden Schwans gehörten eben auch zur 68er Bewegung.

RIAS-Jammerchor

So war das im 68er Berlin: Das ZI6 der FU, zweifellos eine Zelle der APO, hatte nur wenige Meter vom RIAS-Rundfunk-Gebäude sein Domizil.

Der RIAS seinerseits hatte eine Kantine, das ZI6 aber nicht. Also wanderten die wissenschaftlichen Assistenten der FU mittags zum Essen regelmäßig in die RIAS-Kantine, um sich zu stärken. Dort labte sich auch der RIAS-Kammerchor, eine angesehene Einrichtung des Berliner Kulturbetriebs. Die Serviererinnen – Teil der Arbeiterschaft! – und die Assistenten – meist bürgerliche Revolutionäre – fanden zusammen in einer geschlossenen Spott-Front: „Da ist ja der RIAS-Jammerchor!"

Abgebürstet

Auch die politischen Parteien horchten auf.

Eine Abteilung der SPD im Norden Berlins widmete einen „Diskussionsabend" den Ereignissen an der FU.

Den Vorsitz führte eine ältere Funktionärin, die Vizepräsidentin des Abgeordnetenhauses war. Sie beschränkte sich auf das Worterteilen und ließ der Diskussion freien Lauf. Unter den Mitgliedern waren einige jüngere Leute und eine Riege etwa 40- bis 50-jähriger, alle in Anzügen und mit Krawatten. Sie verbreiteten den Charme eines Bezirksamtsbüros. Wahrscheinlich war das kein Zufall.

Die Jüngeren unter den Anwesenden waren offensichtlich mit 68ern in Kontakt geraten. Voller Enthusiasmus berichteten einige von neuen revolutionären Ideen. Doch hier waren sie an der falschen Adresse, denn sobald einer geredet hatte, fielen die „feinen Herren" wie Kettenhunde über denjenigen her. Übertrieben aggressiv wiesen sie – einer nach dem anderen – die neuen Ideen zurück und beschworen die guten alten Zeiten.

Diese Abteilung der SPD war kein Ort für die „jungen Spinner von der FU und deren Freunde". Sie wurden – wie es im Parteijargon hieß – „abgebürstet".

Die Vorsitzende freute es.

An der FU kann man offensichtlich sogar studieren

Im vornehmeren Süden Berlins tagte eine Ortsgruppe der FDP. Sie näherte sich der Sache auf dialektische Art. Auf dem Podium saßen zwei Studenten der FU. Der eine war Mitglied dieser Partei und ihrer Ortsgruppe, allerdings neu hier und offensichtlich ein Anhänger von Rudi Dutschke. Dem sollte nach dem Willen des Ortsgruppenvorstandes der Kopf gewaschen werden! Denn der andere Student, offensichtlich ein Kommilitone, kam von der Juristischen Fakultät und war ein Fan von Erich Mende, der bei der FDP zu dieser Zeit umstritten war.

Der Dutschke-Fan schwärmte von Vollversammlungen, Go-Ins, Resolutionen und Demonstrationen, während der Jurist in spe berichtete, man könne an der FU richtig studieren. Er erzählte von Seminaren, Klausuren, Lehrbüchern sowie Staatsexamina und erregte damit das Wohlwollen der meisten anwesenden FDPler, die im Übrigen ganz klar Mende-Anhänger waren.

Der Vorsitzende aber, ein älterer Rechtsanwalt bürgerlicher Provenienz, fasste die Debatte bald zusammen und sprach mit Blick auf den rebellischen Parteifreund:

„An der FU kann man offensichtlich sogar studieren!“

Die sind alle geschult

Die FU war eine Ausgründung der Humboldt-Universität („HU“) – der alten Berliner Hochschule, die sich nun in Ost-Berlin, also in der DDR, befand. Das Band zwischen den beiden Hochschulen riss nicht so schnell. Auf dem Campus der neu gegründeten Alma Mater tauchten immer wieder Grüppchen von Politagitatoren auf, die aus dem Osten kamen, Broschüren verteilten, und die für die DDR warben. Angeblich waren das HU-Studenten, die sich an die west-berliner Kommilitonen wandten.

Um die Grüppchen bildeten sich schnell Ansammlungen. Viele FU-Studenten blieben stehen und stritten mit den Angereisten, obwohl ihre Professoren gewarnt hatten: „Das sind geschulte FDJler. Die legen Sie aufs Kreuz!" Doch die FUler fanden, so geschickt wären diese Ostler gar nicht.

Insbesondere seit dem Bau der Berliner Mauer 1961 hatten Repräsentanten der Kommunisten aus dem Osten schlechte Karten – auch bei ihren westdeutschen Genossen.

Die HU-Studenten auf dem Dahlemer Campus bewirkten nichts, obwohl sie gerade angesichts des Linksrucks der FU das Gegenteil erhofft hatten. Eines war aber klar: So wie in der DDR wollten selbst die allerlinksten Genossen aus dem Westen nicht leben.

Der Republikanische Club

Wielandstraße 27, Berlin-Charlottenburg:
Hier wurde 1967der Republikanische Club („RC") gegründet. Altvordere wie Johannes Agnoli, William Borm oder Magnus Enzensberger gehörten zu den Initiatoren. Anlass war die Bildung der „Großen" Koalition der SPD mit der CDU/CSU am 26. November 1966 in Bonn, von der sich mancher Altlinke in der SPD die Abspaltung des linken Flügels der Partei und eine neue Partei erhofften. William Borm und seine Freunde wollten zeigen, dass die sich progressiv einschätzenden Liberalen da auch mitmachten. Hinzu kam, dass manch einer befürchtete, der Studentenverband SDS könne immer anarchistischer werden und brauche ein Gegengewicht.

Im RC wurde einer der bekanntesten Slogans der APO erdacht: „Enteignet Springer".

Doch dazu kam es nicht.

Der RC wollte über die Universitäten hinaus in möglicherweise ansprechbare Zirkel der Gesellschaft hineinwirken. So sah man auch Wolfgang Neuss, den Kabarettisten, der als „Mann mit der Pauke“ am Berliner Lüzowplatz auftrat und dort sein Publikum hatte, in der Wielandstraße. Diesem stadtbekannten Trommler trauten führende SDSler theoretisch nicht viel zu, aber er gehörte halt zum Spektrum.

Trotz der Dogmatiker an der Spitze dieses neuen Vereins war sein Verhältnis zur DDR unterkühlt. Die Wege des „Sozialismus“ im verbliebenen Mitteldeutschland schienen den westberliner Revolutionären auch hier die erträumte neue Gesellschaft der Freien und Gleichen zu blockieren.

Irgendwie kam der RC nicht richtig ins Spiel. An den Universitäten beachtete man ihn kaum, und die herrschende öffentliche Meinung in West-Berlin verlor deswegen mehr und mehr das Interesse an ihm.

Kurras[51]

Am 2. Juni 1967 erschoss der (West-)Berliner Polizist Kurras den Studenten Benno Ohnesorg, als dieser vor der Deutschen Oper gegen den Besuch des Schahs von Persien demonstrierte.

Zuvor war die kritische Öffentlichkeit in Berlin, besonders die Studenten, glaubhaft darüber aufgeklärt worden, dass der Schah ein Potentat war. Wie zum Beweis dafür erschienen in der Stadt mit langen Stöcken ausgestattete „Prügelperser“, die breitbeinig und gewaltsam gegen Kritiker des persischen Regimes vorgingen.

[51] S. Beitrag „Benno Ohnesorg“ in diesem Buch.

Die Empörung war groß. Einen offensichtlich demokratiefeindlichen „Monarchen“ empfing der gewählte Senat von Berlin unter der Führung des SPD-Pastors Heinrich Albertz und Regierenden Bürgermeisters mit allen Ehren. Man ging gemeinsam in die Oper. Ein Teil der Presse und die meisten Politiker hatten zugleich seit einiger Zeit aufgewühlte Studenten verunglimpft, sie als „Typen“, „Affen“ und vieles andere beleidigt. Dabei nahmen diese Studenten die Grundrechte des Staates in Anspruch, indem sie gegen von ihnen angemahnte Missstände protestierten: mit Streiks, Sit-Ins, Go-Ins und Demos. Bürger der Bundesrepublik nahmen sich die Freiheit, trotz des Kalten Krieges Karl Marx zu lesen, den Vietnam-Krieg der weithin bewunderten USA zu kritisieren, und sie schufen in Wohngemeinschaften neue Formen des Zusammenlebens. Alles das war nicht verboten, dennoch polemisierten viele Journalisten dagegen.

Den Protestierern war aufgefallen, dass die formal demokratische Bundesrepublik in den fünfziger und zu Beginn der sechziger Jahre inhaltlich überwiegend autoritär war. In der „Spiegel“-Affäre war es möglich geworden, dass die Bundesregierung wegen eines kritischen Artikels den Herausgeber des Nachrichtenmagazins einsperren und einen Journalisten im Ausland festsetzen lassen konnte. Der Bundeskanzler höchst persönlich schalt die Betroffenen des „Landesverrats“, bevor ein Richter darüber geurteilt hatte. Ein Minister belog das Parlament.

Das alles erregte viele, und sie fanden, der formalen Demokratie in Deutschland entsprach keine inhaltliche; es gäbe keine gute demokratische Kultur. Viele Herrschende dächten nicht demokratisch, sondern autoritär. Sie würden die eigene Jugend verhöhnen und kuschelten mit fremden Potentaten. Die Empörung über diese Wahrnehmung war Kern des Protestes.

Viele Studenten erfuhren, wie ungerecht diese Gesellschaft war. Nur wenige Prozent eines Jahrganges konnte das Abitur machen und anschließend studieren. Der entscheidende Faktor war die Herkunft. Die Forderung nach Chancengerechtigkeit kam auf, und sogar in den „bürgerlichen" Parteien fand das Zuspruch.

Die DDR anderseits bot für solche Sichtweisen, die den Widerspruch zwischen Anspruch und Wirklichkeit beklagten, seit dem Bau der Mauer keine Alternative. Das Regime dort, das seine Bürger wegsperrte, hatte sich entlarvt und wurde im Unterschied zur westlichen Bundesrepublik als reformunfähig angesehen und ignoriert. Alte Herren hatten sich eine eigentlich zukunftsweisende Ideologie angeeignet und darauf ihr Machtsystem errichtet. Es war nachvollziehbar, dass ein junger Mann wie Rudi Dutschke diese DDR verlies, bevor er im Westen für eine bessere Zukunft kämpfen konnte.

Doch feierlich legten selbst Professoren der west-berliner Reformuniversität FU ihre Roben an und fühlten sich wohl in der Herrlichkeit akademischer Selbstverwaltung und Weisheit, so wie sie es verstanden.

Bei der Berliner Polizei hatte man das Grundrecht aufs Demonstrieren nicht verinnerlicht – auch im Westen nicht. Wer auf die Straße ging, war für viele ein zu bekämpfender Feind, wenn er sich kritisch gegen die herrschende Ordnung äußerte. Polizeiführer bauten auf ihren Erfahrungen aus der Zeit vor

1945 auf und setzten Wasserwerfer, Schlagstöcke und Tränengas gegen Argumente ein. Ein Polizeipräsident schwadronierte von einer „Leberwursttaktik“, die gegen Demonstranten recht wirksam sei. Nicht die Gewährung der Demonstrationsfreiheit für die Bürger war das Ziel, sondern die Vereitelung dieses Grundrechtes.

In der Politik wurde ohnehin nur geduldet, was von „oben“ ausgegebener Konsens war. Die USA galten als Leuchtfeuer der westlichen Welt. Wer daran deutelte, konnte nur „Kommunist“ sein und hatte seine Freiheitsrechte verwirkt. Wie in der DDR: Was gut war, wurde von oben her bestimmt, und was schlecht war, wurde bekämpft.

Gegen das alles zu protestieren, schien vielen Studenten im Westen nicht aussichtslos, sonst hätten sie es nicht getan. Als aussichtslos hingegen wurde die Situation im anderen deutschen Staat beurteilt. Gab es noch zu Beginn der sechziger Jahre an der Freien Universität Diskussionsgruppen um FDJ[52]-Trupps, die aus dem anderen Teil der Stadt gekommen waren, um für die DDR zu werben, so interessierte das bald niemanden mehr.

Später stellte sich heraus, dass der Todesschütze vom 2. Juni für die „Stasi“[53] – den Geheimdienst der DDR – gewirkt hatte, und sogleich wurde die These aufgestellt, die Studentenbewegung hätte sich nicht entwickelt wie geschehen, wenn man gewusst hätte, auf wessen Lohnliste der west-berliner Polizist gestanden hatte.

52 FDJ = „Freie Deutsche Jugend“ / kommunistischer Jugendverband / In der DDR anerkannt.

53 Stasi = Ministerium für Staatssicherheit der DDR.

Was sollten solche Spekulationen? Wünschte jemand die Zeiten zurück, in denen es akzeptiert wurde, dass Polizeieinsätze gegen ein Grundrecht geführt wurden, dass Professoren Studentinnen an die Kochtöpfe verwiesen, dass allein die Regierung bestimmte, was gut und was böse sei?

„Was wäre gewesen, wenn?“ Das ist eine müßige Frage. Es fängt damit an, dass niemand den „optimalen“ Zeitpunkt für das Outing von Kurras nennen konnte. Vor dem Todesschuss hätte es wohl nicht sein können. Aber unmittelbar danach? Das hätte ausgesehen wie der Versuch einer billigen Entlastung der Berliner Polizei. Wann hätte medial optimal bekannt werden sollen, dass Kurras für die Stasi arbeitete, damit die Studentenbewegung sich anders hätte entwickeln können als geschehen? Solche Überlegungen sind müßig, denn nicht der Protestwille einiger Studenten waren das Problem, sondern die Zustände, die sie ausgelöst hatten. Man sollte Ursache und Wirkung nicht verwechseln.

Der Schuss auf Benno Ohnesorg war Auslöser für neue Proteste der APO. Dass in diesem Staate jemand zu Tode kommen konnte, weil er für seine politische Meinung demonstrierte, hätte bis zum 2. Juni niemand für möglich gehalten. Aber dass Politik und Öffentlichkeit nach dem Todesschuss nicht innehielten, dass weiter polemisiert wurde, war schlimm. Der 2. Juni war ein Auslöser und nicht die Ursache für fortgesetzte Studentenproteste.

Hätte man bald nach der Tat gewusst, dass Kurras bei der Stasi war, hätte dieser übrigens möglicherweise kein so leichtes Spiel gehabt wie geschehen.

Möglicherweise ...

Wahrscheinlich hätte man sich die Beileidsgesten der DDR verbeten, oder sie wären erst gar nicht gekommen.

Wahrscheinlich ...

Aber Kurras war ein Westbeamter. Dass er in der west-berliner Polizei spionieren konnte, war kein Ruhmesblatt für diese Behörde. Das wäre sicherlich thematisiert worden, hätte man von der Stasi-Aktivität des Todesschützen gewusst.

Sicherlich ...

Eines steht fest: Eine bundesweite Protestbewegung hätte es nach dem Todesschuss in jedem Fall gegeben. Es hatten halt zu viele symbolisch mitgeschossen. Und die Zustände in Westdeutschland waren immer noch so, dass Protest vielen sinnvoll schien, um mehr Demokratie zu erreichen. Das Abgleiten eines Teils der Bewegung in den Terrorismus aber wäre wohl leider auch dann nicht ausgeblieben.

Wohl ...

Möglicherweise, wahrscheinlich, sicherlich, wohl: Tatsache ist, dass es die APO spätestens nach dem 2. Juni gegeben hatte und dass sie per Saldo die Bundesrepublik weiterentwickelt hat.

Die DDR aber ist untergegangen.

4. Münster

War die APO doch nur ein Berliner Regionalereignis?

In Münster müsste das gut zu ergründen sein.

Die Äußerlichkeiten der Westfälischen glichen der Berliner Lehranstalt. Zugereiste Studenten fanden sich schnell zurecht.

In Münster war jedoch anderes mindestens ebenso wichtig wie die Universität. Die Geschichte war schließlich nicht zu übersehen. Dies war die Stadt der Wiedertäufer und des Westfälischen Friedens. Und hier herrschte eine Macht, von der man in Berlin nichts gespürt hatte, der Katholizismus.

An der Universität selbst ging es etwas altbacken zu. Ein Professor sah sich als alleiniger Beherrscher seines Seminars, die Soziologie kümmerte sich um Profanes und nicht um Erhabenes, Studenten hatten ein hohes soziales Prestige, harmlose Späßchen wurden ernst genommen und keineswegs ignoriert.

Wiedertäufer im Käfig

Von Berlin nach Münster kam man mit der Bahn. In Hamm musste man umsteigen. Die Universität im Westen Deutschlands heißt „Westfälische Wilhelmsuniversität". Münster war Universitätsstadt und katholisch. Die vielen Kneipen versorgten die „Akademiker" und die vielen Kirchen die Gläubigen. Prominent war die Gaststätte „Pinkus Müller" in der Kreuzstraße 4. Das war eine alte Familienbrauerei mit Restaurant. Zu den Speisen konnte man unter diversen Biersorten auswählen.

„St. Ludgeri" stammte aus dem Jahre 1173, und auf dem Platz davor wurden Messen zelebriert.

Am Prinzipalmarkt am Turm der Lambertikirche hängen eiserne Käfige, in die man 1536 die Leichen vorher zu Tode gefolterter Anführer der Wiedertäufer geworfen hatte. Mit glühenden Zangen hatte man ihnen die Zungen herausgerissen. Grausam war das, und dennoch wurde es um 1960 längst wie eine schlichte Sehenswürdigkeit behandelt. Die eisernen Käfige gehörten fest zum Programm der Stadtführungen.

Münster schmückte sich aber lieber als Stadt des Westfälischen Friedens. Über 100 Jahre nach dem qualvollen Tod der Wiedertäufer beendete man hier und in Osnabrück im Jahre 1648 den Dreißigjährigen Krieg und den Achtzigjährigen Unabhängigkeitskrieg der Niederlande mit einer Reihe von Verträgen. Dazu waren Vertreter aller involvierten Mächte jener Zeit angereist. Sie nahmen Quartier und ließen es sich trotz der bisherigen Leiden der Bevölkerung wohl ergehen.

Sie sind mir in meinem Seminar willkommen!

An der Universität Münster erklärte 1965 ein Soziologie-Dozent soziale Unterschiede so: Im Harz würden die Menschen Margarine auf dem Leberwurstbrot essen; in Schleswig-Holstein dagegen Butter.

Bevor man in ein Publizistik-Seminar durfte, musste man beim zuständigen Professor vorsprechen und auf die Einladung warten: „Sie sind mir in meinem Seminar willkommen!"

Institutionen und Rituale der Uni Münster waren weitgehend die gleichen wie an der FU. Es gab einen Rektor, einen Akademischen Senat, einen Allgemeinen Studentenausschuss, Fakultäten mit Dekanen, die alle Professoren waren, an der

Spitze. Es gab ein Audimax, eine Mensa, eine Universitäts-Bibliothek („UB“), eine Quästur. Die Lehrveranstaltungen begannen in der Regel c.t., und es wurde auf Diplom oder Staatsexamen hin studiert. Promotionen und Habilitationen gab es ebenfalls. Professoren wurden aufgrund von aus der Uni kommenden Listen vom zuständigen Minister – der in diesem Fall im etwas entfernten Düsseldorf residierte – berufen.

Die Studenten redeten sich auch hier noch mit „Sie“ und „Kommilitone“ an, schienen aber weniger APO-beseelt zu sein als die in Berlin. In der Mensa zu Münster beteten viele vor dem Mittagsmahl; das gab es an der FU nicht. Den SDS schien es in Westfalen nicht zu geben, die Katholische Kirche schon.

Der alte Teppich

Der holländische Publizistik-Professor pflegte seine wissenschaftliche Kerneinsicht in einem Satz zu komprimieren: „Alle Publizistik ist Zwiegespräch.“ Eines Tages prangte am Schwarzen Brett seines Instituts eine Karikatur. Ein Mann saß an einem Webstuhl, aus dem ein langer Teppich herausquoll, auf dem immer wieder der Satz stand: „Alle Publizistik ist Zwiegespräch.“ Unterschrift: „Der alter Teppich“.

Solche Unbotmäßigkeit konnte nicht toleriert werden. Die Karikatur wurde unverzüglich entfernt, und es startete eine Suche nach dem Täter.

Sollte ein Seminarteilnehmer der Initiator gewesen sein, und hätte man ihn entdeckt, würde er achtkantig aus der Lehrveranstaltung geflogen sein.

Die Herren von der Universität

Als Student hatte man normalerweise eine „Bude". Im Vorort Münster-Mecklenbeck hatten sich Vertriebene aus Schlesien angesiedelt. Es war für sie schon wichtig, wieder in eine katholische Region Deutschlands zu kommen. Nun waren ein Häuschen und ein kleiner Garten in Westfalen die Heimat. Damit die ehemaligen Schlesier aber wieder richtig auf die Beine kamen, vermieteten sie an Studenten. Die Wirtin redete diese mit „Die Herren" an, und wenn sie erfuhr, dass einer von denen schon eine Freundin hatte, so war das „Ihre Dame".

Im Stall hatten die Vermieter – ebenfalls zum Zwecke des Nebenerwerbs – eine Ziege, und die freute sich, wenn die Herren von der Universität zurückkamen, denn da brachten sie aus der Mensa stets die neueste Ausgabe der „Frankfurter Allgemeinen Zeitung" („FAZ") mit, welche die Ziege – zum Unwillen der Vermieterin – immer wieder gerne fraß. Die Ziege war glücklich, die „Gasteltern" weniger, und die Redaktion im fernen Frankfurt am Main wusste von allem nichts. Die Universität war unschuldig, und die Herren freuten sich…

Der Weg zur Uni führte an Feldern vorbei und wurde per Fahrrad bewältigt. Hier fuhren weder Bus noch U-Bahn. Halb Münster saß auf dem Rad. Holland ließ grüßen.

Die Bundesbahn lockte dagegen in die Ferne, und vom Hauptbahnhof in Münster aus fuhren Züge nach Bremen oder Hamburg, Köln oder Düsseldorf. Sogar nach Berlin konnte man fahren.

Aber: Man musste umsteigen.

5. Hamburg

Von Berlin nach Hamburg ist der Weg nicht weit. Aber hier gab es bei Lauenburg einst eine Staatsgrenze, die vorher Zonengrenze war. Aus Berlin Anreisenden wurde das Gefühl vermittelt, sie kämen in eine andere – bessere – Welt.

Ähnlichkeiten zwischen Hamburg und Berlin waren indes erkennbar: Hier wie dort wich gerade der ganz große Respekt vor der Obrigkeit.

An der hanseatischen Universität glichen Sitten und Einrichtungen denen an anderen deutschen Hochschulen. Ortsfremde Kommilitonen fanden sich auch hier schnell zurecht. In einigem war Hamburg beim Reformprozess sogar weiter als die „revolutionäre" FU in Berlin. Aber in manchen Seminarräumen war auch Altväterliches zu erleben, das anderswo wohl nicht mehr toleriert worden wäre.

Die APO spürte man selbst an der Alster. Für einen „Richter Gnadenlos" jedoch – für den rechten, hanseatischen Senator Ronald Schill[54] also – wäre wohl schon damals nicht überall in Deutschland Platz gewesen.

Dann lockte ein großer märkischer Poet an einer Bahnstation wieder zurück Richtung Dahlem.

---

54 Ronald Barnabas Schill, Jurist, wurde 2001 Vorsitzender seiner neu gegründeten „Partei Rechtsstaatliche Offensive", war Zweiter Bürgermeister und Innensenator in Hamburg.

Brüder und Schwestern aus dem anderen Deutschland

Wer von Berlin nach Hamburg fuhr, musste die „Zonengrenze" (im Sprachgebrauch der DDR „Staatsgrenze") nach dem Berliner Stadtende sowie bei der Einfahrt nach Schleswig-Holstein – also zweimal – passieren. In Lauenburg war der Westen erreicht, und in der Bahn schenkten Schwestern des „Roten Kreuzes" auch den aus West-Berlin angereisten Personen warmen Kaffee aus. Überhaupt wurden Personen aus dem Westen Berlins behandelt wie all die sonstigen „Brüder und Schwestern aus dem anderen Deutschland".

In Hamburg beispielsweise gab es ein Studentenwohnheim, das für Ausländer und „Ostler" reserviert war. Auch West-Berliner durften hinein.

Beaujolais

Als im August 1961 in Berlin die Mauer gebaut wurde, zahlte der Senat jedem Berliner Studenten, der eine Hochschule der Stadt gegen eine in – wie man damals sagte – „Westdeutschland" eintauschte, eine Prämie. Es sollte Platz gemacht werden für „westdeutsche" Kommilitonen, deren nationales Bewusstsein geschärft werden sollte. Nach West-Berlin kamen jedoch vor allem Wehrdienstverweigerer, denn hier gab es, weil die Westalliierten (USA, Großbritannien und Frankreich) es so wollten, keine Bundeswehr und infolgedessen auch keine Wehrpflicht.

Manch ein aus Berlin stammender Jungakademiker kaufte freudig von der Prämie die erste Flasche Beaujolais seines Lebens und trainierte sich so den lebenslangen Rotweintrunk an.

Spiejel hin und Spiejel her

Auch in der Hafenstadt Hamburg gab es Kinos, die vorwiegend von Studenten besucht wurden.

Seinerzeit kamen vor dem Hauptfilm Reklame und die Wochenschau. Einmal tauchte dort der Bundeskanzler Konrad Adenauer auf und äußerte sich zur „Spiegel"-Krise von 1962 sowie zur Verhaftung des in Hamburg sehr geschätzten Herausgebers und Journalisten Rudolf Augstein: „Spiejel hin und Spiejel her, meine Damen und Herren!" – Die vielen jungen Leute im Kino-Saal lachten; sie lachten über ihren eigenen Bundeskanzler!

Die APO hatte einen Vorboten an der Elbmündung! Überhaupt war die „Spiegel-Affäre" und der Prostest in dieser Sache so etwas wie eine Generalprobe der späteren APO-Proteste. Dass der Herausgeber des an der Alster ansässigen Spiegels, Rudolf Augstein, in Gewahrsam kam, dass der Redakteur Conrad Ahlers im fernen Madrid auf Geheiß des Bonner CSU-Verteidigungsministers Franz Josef Strauß verhaftet wurde, dass die Polizei die Redaktion des Magazins durchstöberte, all das traf auf Protest der Jugend nicht nur in Hamburg. Als dann der Verteidigungsminister überführt wurde, dass er das Parlament belogen hatte, als wegen des Unmuts darüber bei der FDP die Bundesregierung ins Wackeln geriet, hatte die Bundesrepublik Deutschland ihre erste Staatskrise. Öffentlicher Protest flammte auf. Erste Zweifel an der demokratischen Substanz des neuen deutschen Staates entstanden.

Ruhe an der Elbe

Die Universität Hamburg bewegte sich im Großen und Ganzen aber auf alten Gleisen. Es gab auch hier Fakultäten, Dekane, eine Mensa, ein Audimax, und Lehrveranstaltungen begannen c.t. Die Wirtschaftswissenschaftler hatten das Hafenwesen zusätzlich auf dem Programm – schließlich befand man sich in einer Hansestadt.

Ein Star unter den Professoren war ein Physiker und Bruder des späteren Bundespräsidenten von Weizsäcker. Hörer aller Fakultäten kamen in seine Vorlesungen.

Eine Reformuniversität war Hamburg nicht. Immerhin hatte man den Testierzwang abgeschafft und die Lehrerausbildung in die Universität integriert. In Hamburg gab es keine Pädagogische Hochschule mehr wie zu dieser Zeit noch die „PH" in Berlin-Lankwitz. Die kommenden Grundschullehrer studierten am „Pädagogischen Institut" – mitten in der Universität Hamburg am Dammtor-Bahnhof.

Ansonsten herrschte Ruhe an der Elbe.

Heimlich altväterlich

In den Lehrveranstaltungen ging es oft sehr altväterlich zu. Ein Psychologie-Professor aus Österreich hielt ein „Oberseminar" ab. Bei ihm schien die Pünktlichkeit der Studenten wichtiger zu sein als die Vermittlung von Lehrinhalten.

Einmal hatte er sein Seminar schon begonnen, da öffnete sich die Tür des Raumes, und herein huschte eine Studentin, die c.t. nicht ganz geschafft hatte. Sie errötete etwas, machte einen Knicks und strebte flugs einem freien Platz zu. Doch der Professor hielt sie auf: „Wo kommen Sie denn jetzt her?" – „Aus der S-Bahn." – „Und wo sind Sie eingestiegen?" – „In Bergedorf." – „Dann nehmen Sie doch beim nächsten Mal bitte einen Zug früher, damit Sie rechtzeitig da sind!"

Dem Professor war sein diabolisches Lustempfinden über das kleine Verhör anzumerken; die junge Frau hätte vor Scham im Boden versinken mögen. Und den pünktlichen – meist männlichen – Kommilitonen sah man die heimliche Freude über diese Minidemütigung an.

In späteren Jahren hätte der Psychologe sich solche Auftritte nicht mehr erlauben dürfen – an keiner deutschen Universität.

Neue Ostpolitik

In der „großen Politik" vollzog sich zu dieser Zeit ein grundlegender Wechsel in der Ausrichtung Westdeutschlands. Im Ost-West-Gegensatz war die westdeutsche Bundesrepublik zu 100 Prozent auf den Westen eingeschworen worden, dort fest integriert. Der Staat, der aus den Besatzungszonen der Amerikaner, Briten und Franzosen zusammengefügt wurde, blickte gen Westen. Die gegen manchen Widerstand neu geschaffene „Bundeswehr" sollte die westliche Militärmacht stärken, und diplomatische Beziehungen nahm der deutsche Teilstaat nur mit Ländern auf, die die DDR ignorierten. Die nach dem westdeutschen Diplomaten, Wissenschaftler und Adenauer-Intimus Walter Hallstein benannte „Hallstein-Doktrin" sah es als unfreundlich an, wenn Drittstaaten die Bundesrepublik und obendrein die DDR anerkennen wollten.

Gegen Ende der 50er Jahre geriet diese Doktrin besonders in SPD- und FDP-Kreisen in die Kritik, und die Abkehr von ihr wurde zum Kern einer „Neuen Ostpolitik", die später vom sozialdemokratischen Bundeskanzler Willy Brandt und seinem FDP-Außenminister Walter Scheel umgesetzt wurde: Bonn erkannte Warschau, Prag, Budapest und das gesamte osteuropäische Europa diplomatisch an.

Die Hinwendung zur Neuen Ostpolitik der Sozial-Liberalen war ein weiterer Vorbote der APO.

Umgeben von der DDR war es besonders für West-Berlin keine großartige Erkenntnis, dass eine Veränderung der Verhältnisse nur durch ein Zugehen auf den Ostblock erfolgen konnte. Nur – West-Berlin hatte einen Sonderstatus – und Berliner durften bei Bundestagswahlen nicht mitwählen. Hamburg, wie andere Orte im Westen auch, boten „Asyl". Wer hier einen Zweitwohnsitz hatte und Deutscher war, durfte mitwählen. Die Polizei – damals noch – händigte auch den Insulanern Pässe aus. So wurden Willy Brandts parlamentarische Unterstützer am Rhein auch mit den Stimmen mancher Spreeathener gewählt.

Die hanseatische Polizei übrigens trug zu dieser Zeit bereits dunkelblau statt des sonst in Deutschland üblichen grün mit beigefarbener Hose. An der Küste war man halt früher maritim orientiert. Der spätere populistische hamburgische Senator Ronald Schill[55] führte dunkles Tuch dann für alle deutschen Polizisten ein: Das ist wohl das einzige Erbe der episodischen „Schill-Partei". Zur Begründung dieser Maßnahme hieß es einst, grün-beige hätten „Feinde der Polizei" eingeführt.

[55] S. Fußnote 54

Aber – Hand auf's Herz: So chic wie die alte Hamburger Uniform ist das spätere einheitliche deutsche Polizeituch bei weitem nicht…

Fontane am Dammtor

Festlandgefühl erfuhren akademische „Insulaner“ in Hamburg nicht nur, wenn sie in die Lüneburger Heide, ins Alte Land oder in die Wilster Marsch fuhren. Sie setzten sich einfach in die Bahn und fuhren hin. In Berlin wäre so etwas nicht gegangen. Hier war man in der Stadt eingemauert, und in die Uckermark, in den Spreewald oder ins Havelland konnte man nicht so einfach gelangen. Die Mark Brandenburg – das Festland – war unzugänglich.

Da kamen Glücksgefühle auf, als so ein Berliner in einem Antiquariat am Bahnhof Dammtor – direkt gegenüber der Universität – Theodor Fontanes „Wanderungen durch die Mark Brandenburg“ als Ramschbuch auf dem Grabbeltisch fand. Sofort kaufte er es, fuhr mit der S-Bahn ins hanseatische Studentenwohnheim „Christopherushaus“ und verschlang die Berichte des Volksdichters über eine Heimat, die er kaum kannte.

Beim Lesen vergaß er sogar die APO!

6. Nachher

Lange Zeit nachher erregte die APO die Öffentlichkeit. Heldentaten und vor allem Versäumnisse wurden ihr nachgesagt – bis in die Spitzen der Gesellschaft hinein.

Doch die 68er APO rückte immer weiter fort ins Dunkel der Geschichte. Anderes überlagerte diese Studentenrevolte. Der globale Ost-West-Gegensatz brach zusammen. „Eliten" leisteten sich unverschämte „Events" auf Kosten einer schweigenden Allgemeinheit. Das Haus Europa sollte wetterfest gemacht werden. Der Supermacht USA wurde mitten ins Herz gestochen. Populismus bemächtigte sich demokratischer Institutionen. Der Klimawandel kam auf die politische Agenda. Große Migrantenströme drängten vom Süden her in den wohlhabenderen nördlichen Teil dieser Erde.

Die schwach gewordene Wirtschaft ließ sich wieder ankurbeln – mit Maßnahmen, die sich Reform nannten, in Wirklichkeit Einschnitte ins soziale Netz waren.

Dann merkte man, dass diese APO zwar in Westdeutschland eine formale Demokratie mit Inhalten bereichert hatte. Aber hatte sie das auch in Kalifornien oder Frankreich getan? Auf jeden Fall hatte sie den Osten Deutschlands nicht erreicht, und es fragt sich, ob das nachholbar ist.

Neue Themen wie Rassismus, Homosexualität kamen auf. Die Sprache wurde als Formateur gesellschaftlicher Realität entdeckt; politische Korrektheit kam in Mode.

All dies wurde aus den USA imponiert. War Amerika als Führungsmacht der westlichen Welt tatsächlich abgemeldet?

Mit Corona kam eine große Plage über die Menschheit, und die Frage kann nicht beantwortet werden, ob die damalige APO ein Serum in die Menschheit implantiert hatte, das bei der Bewältigung dieser neuen Plage irgendwie helfen könnte.

Vermarktung der 68er

Das 68er-Gedenken hat merkwürdige Blüten getrieben. Da wurde der einstige Nachahmer und Vermarkter eines mittlerweile vergangenen Musikempfindens, Peter Kraus, zum APO-Helden stilisiert. Menschen, die 1968 keiner kannte, tauchten später in Gazetten auf und betonten ihre einstige Bedeutung. „Joschka" Fischer, der ehemalige Pflastersteinrebell und spätere Außenminister wurde zum 68er umgemünzt. Ein Teil der Medien tut so, als habe die 68er-Studentenbewegung nur aus Uschi Obermaier, Rainer Langhans und Fritz Teufel bestanden: Wie sexy und lustig war es doch gewesen, damals ...

Mittlerweile hatte die APO mehr Veteranen als 1968 Menschen auf die Straße gegangen waren. Und weil so viele dabei sind, das Gewesene positiv umzumünzen, taten sich auch Gegner auf, unbeeinflusst von seinerzeitigen Ereignissen und Zusammenhängen. Guido Westerwelle beispielsweise sah die 68er-Bewegung als Quelle allgemeinen Leistungsunwillens, als Anfang des Versorgungsstaates und als Ursprung der Grünen.

Diejenigen, die seinerzeit geschmäht und als langhaarige Affen diffamiert wurden, gelten mittlerweile dem Mainstream als Gutmenschen, als mutige Demokraten und Vordenker der Republik. Trotz der Kritik von Westerwelle und anderer: Mittlerweile ziert es zumeist, als ehemaliger 68er zu gelten.

Da mögen die Grünen nicht fehlen. Sie machten Rudi Dutschke, den Studentenführer, zu ihrem Ahnherrn. Claudia Roth vereinnahmte „Rudi“ in ihr Weltempfinden, und Hans-Christian Ströbele hatte sich ihn einst als Mitstreiter im Deutschen Bundestag gewünscht.

Zwar hatte sich Dutschke 1979 tatsächlich bei den Bremer Grünen engagiert, war zum Delegierten für den Gründungskongress gewählt worden, doch dann kam am 24. Dezember 1979 sein Tod als Spätfolge des Attentats. Der Gründungskongress verlief ohne Dutschke. Der einstige SDSler und Stamokap[56]-Experte wurde dennoch 2008 zum Parteimenschen gemacht, der sich trotz „Fundis“, „Realos“ und „Feminat“, trotz Annalena Baerbock und Anton Hofreiter, in der grünen Partei gehalten hätte und darüber diskutieren würde, wie man 2021 eine Koalition mit der CDU/CSU gestalten könnte.

Die Liste der ehemaligen Idole der Grünen ist lang. Herbert Gruhl und Baldur Springmann – konservative Grünen-Gründer – sind vergessen; Petra Kelly und General Bastian endeten im Freitod; Jutta Ditfurth – die einstige Parteivorsitzende – gehört zu den erbittertsten Gegnern der Grünen. Otto Schily machte Karriere bei der SPD, und Oswald Metzger versuchte, bei der CDU anzudocken. Warum sollte Rudi Dutschke – wäre er grüner Politiker geworden – alle diese Personen politisch überdauert haben?

56 Stamokap = „Staatsmonoplolistischer Kapilalismus“. (In der kommunistischen Theorie die Verschmelzung von staatlichem Imperialismus und Kapitalismus.)

Rudi Dutschke war wirksam als Studentenführer, als SDS-ler bis zu dem Attentat auf ihn. Der SDS war der von der „Mutter SPD" abgestoßene Studentenverband der Sozialdemokraten. Dutschke brachte es auf die Barrikaden, dass die akademische Jugend nicht mehr Karl Marx lesen sollte. Marx lesen, verstehen und erklären aber konnte Dutschke. Darin lag seine Wirkung. – Und in seiner respektlosen Rhetorik.

Ursprünglich ging es immer um die SPD und ihre politische Linie. Die Grünen gab es noch gar nicht. Die 68er waren meist Kinder der SPD, auch Dutschke. Um diese Partei, ihre Anpassung an die von der CDU geformte Bundesrepublik, ihren „Verrat" an althergebrachten Grundsätzen drehte sich alles. Noch in tiefer Gegnerschaft zur offiziellen SPD blieben die 68er auf diese Partei fixiert.

Dutschkes Marsch durch die Institutionen war primär der Aufruf, die SPD von innen zu verändern – zu unterwandern. Leute wie Gerhard Schröder begaben sich auf diesen Marsch und setzten, an die Macht gekommen, die globalisierungsverträglichen Hartz-Gesetze durch, aber auch die Verweigerung einer Teilnahme am Irak-Krieg.

„Rudi" – wie ihn später viele nannten, die ihn gar nicht gekannt hatten – war in seiner Zeit als Studentenführer kein Grüner. Er war ein Sozialist, der in der SPD seine Heimat nicht fand. Er wollte das Klassenbewusstsein nicht nur der Studenten, sondern vor allem der Arbeiter wecken. Das ist ihm nicht gelungen, weil es in Wirklichkeit keine Arbeiterklasse mehr gab. So gesehen war Dutschke ein Illusionist.

Aber der Marsch durch die Institutionen war ein realistischer Ansatz und bewirkte eine solide Reform. Viele – nicht nur

Gerhard Schröder – machten sich tatsächlich auf den Weg, einige sogar in der CDU. Dem etablierten Parteiensystem wuchs ein Teil der Generation der Postmateriellen zu, während die in den Kinderschuhen steckenden Grünen sich als „Anti-Parteien-Partei" ausprobierten.

Niemand weiß, was gewesen wäre, hätte es das Attentat nicht gegeben. Der Studentenführer Dutschke hatte sich nicht entschieden zwischen Wissenschaft oder Politik als Beruf. Er war noch nicht an der Weggabelung angekommen.

Die Schüsse auf dem Kurfürstendamm trafen den Studentenführer Rudi Dutschke. Er lebte fortan als kranker Mann, anfangs abseits vom Geschehen in Deutschland und traumatisiert. Einen großen Schritt in die Wissenschaft machte er mit seiner Promotion, wo er bei seinem alten Thema „Sozialismus" blieb: „Zur Differenz des asiatischen und westeuropäischen Weges zum Sozialismus". Dann setzte er an zu einem Schritt zu den Grünen, konnte den aber nicht mehr tun.

Kein Wissenschaftler, kein Politiker sollte Dutschke für sich reklamieren. Einst war er der 68er schlechthin. Diesem ist die Öffentlichkeit zu Respekt und Anerkennung verpflichtet.

Es stimmt schon: Rudi Dutschke hat die deutsche Politik in seiner Rolle als 68er mehr verändert als mancher hauptamtliche Parteipolitiker. Das gesamte Parteiensystem hatte er beeinflusst, nicht nur einen Teil davon.

An weiterem Tun hatte ihn das Schicksal gehindert. Das ist traurig, aber wahr.

Westerwelle und die 68er[57]

Im Jahre 2004 sagte der damalige FDP-Vorsitzende Guido Westerwelle in einem Interview:

„...Ich glaube, die ganze große Leistung und das ganze große Verdienst der echten 68er war die Demokratisierung der Gesellschaft, vor allem das durchlässig Machen des Bildungssystems, das bis dahin ja sehr verkarstet war. Es ist dann daraus ein Mentalitätswechsel geworden, und Übertreibungen sind daraus entstanden, die ich für verheerend halte. Zum Beispiel, dass die Freiheit hinter die Gleichheit gesetzt worden ist, ist das klassische Ergebnis dieser Zeit. Dass aus einer Chancengleichheits- eine Ergebnisgleichheitsdiskussion gemacht worden ist, ist das Produkt dieses Geistes. Und dass der Staat oder dass soziale Gerechtigkeit sich an der Quote der staatlichen Umverteilung orientieren und nicht auch an der persönlichen Mitverantwortung, das sind alles Ergebnisse dieser Zeit, die ich für völlig falsch halte. Die Technologie- und Forschungsfeindlichkeit sind ein Ergebnis dieser Zeit, das ich für falsch halte. Und ich glaube, das ergibt sich auch daraus – ich überspitze es ein bisschen, und das ist polemisch formuliert, aber jede gute Polemik hat gewissermaßen auch einen harten Kern: Man konnte eben in dieser Zeit selbst nach dem 25. Semester Soziologie-Studium noch im öffentlichen Dienst ein Plätzchen finden – egal, wie die Abschlussnote war. Und dass da auch das leistungsorientierte Denken, was nun einmal in einer freien Gesellschaft

---

57 Jürgen Dittberner, Die FDP- Geschichte, Personen, Organisation, Perspektiven. Eine Einführung. 2., überarbeitete und aktualisierte Auflage, Wiesbaden 2010, S. 390

notwendig ist, so diskreditiert worden ist, das ist in meinen Augen ein Fehler. Nun bin ich auch ein typisches Kind der geburtenstarken Jahrgänge der 80er. Für uns gab es diese Möglichkeiten nicht. Die Erfindung des Numerus Clausus war ja die Antwort auf die geburtenstarken Jahrgänge. Wir wussten, wir mussten uns anstrengen, wenn wir bestimmte Sachen erreichen wollten. Und die geburtenstarken Jahrgänge haben einfach das Erleben, dass es immer zu viele gab, zu viele für wenige Möglichkeiten. Deswegen ist bei uns Leistung und Leistungsbereitschaft auch viel positiver besetzt als bei den Trittins, bei den Fischers und bei anderen. Ich trage übrigens immer noch meine Überzeugung, dass sich dieses Denken viel mehr bei den Grünen ausgetobt hat als bei der SPD und habe hier meine kleine private These: Ich glaube, an dem wirtschaftlichen Niedergang der Republik haben die Grünen einen weit größeren Anteil als die Sozialdemokraten. Denn Sozialdemokraten sind Teil des notwendigen Ringens ..."

Auschwitz[58]

Auschwitz: Baracken, ein Appellplatz, die Rampe drangen auf die Besucher ein. Berge von Brillen Ermordeter. Die Ausführungen eines Überlebenden beschämten die Besucher. Einige weinten. Viele hatten Blumen mitgebracht – rote Nelken – wie sie in diesem Lande üblich waren. Diese legten sie stumm nieder. Keiner mochte anderen Gruppenmitgliedern in die Augen sehen.

---

58 Text verändert aus: Jürgen Dittberner, Schwierigkeiten mit dem Gedenken. Auseinandersetzungen mit der nationalsozialistischen Vergangenheit, Opladen/Wiesbaden 1999, S. 27 ff

Schweigen: Deutschland, das Land, aus dem die Besucher kamen, hatte sich zum Herrn über Sein oder Nichtsein anderer Völker aufgeschwungen. Es wollte die Juden vernichten, die Sinti und Roma ebenfalls, Russen und Polen allenfalls als Arbeitssklaven dulden. Nicht nur grausame Gefangenenlager hatten die Handlanger der Nazis dafür errichtet und diese „Konzentrationslager" genannt. Auch Vernichtungslager waren geschaffen worden. Industrielle Tötungsmaschinen für aussortierte Menschen. Davon zeugte Auschwitz.

Die 68er werden als Wiederentdecker von Auschwitz gesehen. Doch das ist nicht wahr. Der Holocaust geriet in Deutschland erst lange nach 1968 ins Zentrum der politischen Kultur. Ein ehemaliger FU-Student kam erst 1977 hierher. Daheim war Willy Brandt schon längst nicht mehr Kanzler – der „Weltökonom" Helmut Schmidt regierte. Die Union war schon auf dem Wege, an die Macht zurückzukehren. Vertriebenenverbände wehrten sich gegen die Anerkennung der Oder-Neiße-Grenze. Deutsche Politiker wie Franz Josef Strauß bereisten China und Chile, um deutsche Interessen zum Vortrage zu bringen.

Die Westdeutschen begannen, sich in ihrer Nische Bundesrepublik einzurichten – im Durchschnitt weltläufiger und wohlhabender als Deutsche es je zuvor gewesen waren. Im Osten Deutschlands machten sich Büttel und Nutznießer eines verlogenen Sozialismus breit – die Mehrheit der Einwohner kuschte. Hüben und drüben konnte man leben mit dem verlorenen Weltkrieg. Die Deutschen hatten sich eingerichtet.

Auschwitz lag schließlich in einem anderen Land. Vom deutschen Westen her war es nur mit Passierscheinen, Visa und dem Überschreiten zweier Grenzen erreichbar.

Im geteilten Deutschland hatte es rechtsradikale Vorkommnisse gegeben. Im Westen wurde darüber berichtet, im Osten vertuschte man das.

In Auschwitz war zu sehen, wohin alles führen kann. Die NS-Rezeption steckte in den Kinderschuhen, obwohl die 68er Jahre lange her waren. Der Kalte Krieg war auch nach Einleitung der Dialogpolitik mit dem Osten vielen immer noch wichtiger als der Antinazismus. Es war wohl Verdrängung, wenn man meinte, sich nicht direkt mit dem Nationalsozialismus auseinandersetzen zu müssen, weil es aktuell gegen den Bolschewismus ginge. Die in der Nachkriegszeit herrschende Totalitarismus-Ideologie gestattete den Deutschen im Westen, Schuldgefühle mit Antikommunismus abzubauen. Im Osten hatte man sich ideologisch ins antifaschistische Lager begeben und war überzeugt, diesmal urwüchsig zu den Guten gegen die Bösen zu gehören.

Von Auschwitz aus wirkte das alles erbärmlich. Wie hatten die Deutschen bequem zum Alltagsgeschäft übergehen können, nachdem das hier geschehen war? Musste man den Menschen zu Hause nicht zeigen, was in Auschwitz zu sehen war? Und was konnte man tun, damit sich ähnliches nicht wiederholen würde? – Derartige Fragen kamen auf, als die APO schon zehn Jahre vorüber war!

Nun wollte man es besser machen: Nachdem die jetzt zuströmenden Gastarbeiter zunächst naiv und überschwänglich begrüßt worden waren, kamen Probleme. Denn diese Gäste blieben, ihre Familien zogen nach und siedelten sich an. Viele sagten, man habe Arbeitskräfte gerufen und Menschen seien gekommen. Dagegen gab es Groll mancher Deutscher, und es bildeten sich auch Bürgerinitiativen gegen die Ausländer. Diese „Initiativen“ operierten mit dem Begriff der „Identität“. Sie reaktivierten sogar gelegentlich die Sprache der Nazis. So war davon zu hören, dass man das „Ungeziefer“ – gemeint waren Türken – verjagen müsse. Doch solcher Spuk war bald vergessen.

Die offizielle Politik veranstaltete Klausurtagungen zur Ausländerfrage. Die Deutschen sollten freundlich sein zu den Türken und Italienern sowie Spaniern. Diese brächten schließlich den Süden und würden Drecksarbeiten erledigen, für die Deutsche sich zu schade seien. Es war eine paternalistische Einstellung zu dem Problem der Migration, geboren aus der Absicht, nicht die Fehler aus der Zeit von 1933 bis 1945 zu wiederholen.

Neben der Ausländerfrage beschäftigte die Öffentlichkeit zunehmend rechtsradikale Vorfälle. Bei einer Sportveranstaltung in Berlin-Wilmersdorf wurden Anstecker mit Hakenkreuzen darauf verkauft. Hakenkreuzschmierereien Jugendlicher kamen immer wieder vor. Nun entwickelte sich allmählich eine Gedenkkultur mit Forschungen und Gedenkstätten. Es entstand die Initiative zugunsten eines Denkmals für die ermordeten Juden in Europa.

Dann wurde vorgeschlagen, dass Schüler und Jugendliche einmal im Leben eine KZ-Gedenkstätte besuchen sollten. Deutsche Landesparlamente fassten entsprechende Beschlüsse.

Erst beim Besuch in Auschwitz entstand und entwickelte sich vielfach der Wunsch, etwas gegen Wiederholungen zu tun.

Mit der APO allerdings hatte das alles wenig zu tun.

Leistung, Gleichheit und Freiheit

Dass insbesondere die Werte Leistung und Gleichheit durch die APO ihre Gewichtungen verändert hatten, ist offenkundig. Gleichheit hat an Bedeutung hinzugewonnen, Leistung steht nicht mehr so hoch im Kurs wie einst. Aber die Ansichten über diese Verschiebungen differieren. Menschen wie Westerwelle und denen folgende Institutionen bedauern offensichtlich diese Verschiebung. Andere begrüßen das als Schritt in eine humanere Gesellschaft. Doch es gibt Merkwürdigkeiten.

Zum einen ist trotz der Werteverschiebungen in der politischen Kultur das Anspruchsniveau der Arbeitswelt drastisch gestiegen, denn niemand kann behaupten, dass die Verdrängung des Analogen durch das Digitale Vereinfachungen gebracht hätte.

Zum anderen steht sowohl bei dem Wert Leistung wie bei der Gleichheit das Ziel der Freiheit. Befürworter und Gegner der durch die 68er Bewegung ausgelösten Veränderungen nehmen den Grad verwirklichter Freiheit als Indikator für ihre unterschiedlichen Einschätzungen.

Bleibt also der Schluss: Verändert hat sich die deutsche Gesellschaft durch die APO auf jeden Fall.

Drittelparität

Gründlich gewandelt hat sich das Bildungswesen in Deutschland. Der Wert der Bildung an sich ist gestiegen. Aus einem Privileg weniger ist das Recht vieler – eigentlich aller – geworden. Statt weniger Prozent eines Jahrganges studieren etwa 55 Prozent! Die Lehrpläne sind flexibel geworden, an die Einzelnen angepasster. Der Notendurchschnitt ist angehoben. Die Studierenden sind zu Mitentscheidern zumindest an den Universitäten und Hochschulen geworden. Darüber hinaus ist die Zahl der Hochschulen gestiegen, auch ihre inhaltlichen Differenzierungen. Neben den Studenten entscheiden außer den Professoren und anderen Wissenschaftlern auch die „sonstigen Mitarbeiter" der Hochschulen. Überall herrscht Drittelparität.

Studium Generale passé

Die Verhältnisse zwischen Lehrern und Schülern, zwischen Studenten und Professoren sind lockerer geworden. An die Stelle des „Sie" trat vorübergehend oft das „Du". Dennoch sind die Curricula verschulter als je. Das Studium Generale ist romantische Vergangenheit, und an die Stelle des Diploms sind Bachelor und Master getreten. Dafür wurden die Ansprüche gesenkt. Rhetorik ersetzt vielfach Methodik.

Marsch durch die Institutionen

Der Marsch durch die Institutionen ist geglückt, sogar in der Union und in der FDP. Mit den Grünen ist eine politische Partei entstanden, die sich direkt auf die 68er beruft. Joschka Fischer von den Grünen und Gerhard Schröder von der SPD sind in höchste Staatsämter aufgerückt.

Seit diesem Impuls durch die APO aber fehlt den politischen Parteien neuer Zulauf.[59] Die Frage tut sich auf, ob die den

59 S. Jürgen Dittberner, Parteienstaat adé? Zur Geschichte und Kultur der politischen Parteien in Deutschland, Berlin 2015

68ern nachfolgenden Generationen überhaupt von irgendwelchen Impulsen der einstigen Bewegung erreicht wurden. Seit 2000 scheint sich nicht nur in Deutschland eine neue Krise der Parteiensysteme aufzutun.[60]

VIP-Demokratie[61]

2006 wischte ein Fußballfest viele Herrlichkeiten der 68er einfach hinweg:

In Deutschland gab es kein einziges Ereignis mehr, das sich nicht eine selbsternannte „Elite" unter den Nagel gerissen hätte. Das Oktoberfest in München, die Filmfestspiele in Berlin, die Kieler Woche, der Karneval im Rheinland: Überall hatten PR-Berater schlichte Veranstaltungen zu „Events" deklariert, und eine sich selbst als wichtig definierende obenauf schwimmende Schicht richtete es sich kommod ein.

Sie gingen in „VIP-Lounges", fuhren auf „VIP-Spuren", betraten „Locations" durch „VIP-Eingänge". Dort eilten sie zu „VIP-Empfängen". Während das Volk Bier und Bockwurst bezahlen musste, schlemmten die VIPs gratis Champagner und Kaviar. Bodyguards sicherten sie ab, und Jubler mit Journalistenstatus hoben sie in den Promi-Himmel.

Promi wurde, wen der Medienzirkus dazu machte. Wer Promi war, war auch VIP. Die Auswahl erfolgte mal nach Leistung oder mal nach Hemmungslosigkeit. Schauspieler und Spitzensportler hatten Chancen, in den Himmel erhoben zu werden, wenn sie medientauglich waren. Andere mussten sich

60 S. auch Jürgen Dittberner, Parteien im Umbruch. Wandel der Parteienlandschaften in Deutschland und anderen Ländern, Berlin 2018

61 S. Jürgen Dittberner, Zeitenwandel, a.a.O., S. 162 -167

einfach trauen, Geschmacklosigkeiten zu begehen, und schon wurden sie Promis.

Hielt sich einer zurück, und sei er Nobelpreisträger, gehörte er nicht zur VIP-Blase. Otto Normalverbraucher und Oma Krause waren sowieso nicht dabei. Sie durften höchstens hinter der Absperrung stehen und jubeln. Oder ihnen blieb das Fernsehen, wo sie sehen konnten, wie sich die Promis bewegten, was sie anhatten, was sie aßen und tranken.

Die Blase machte selbst vor Volkstümlichem nicht Halt. Der alte Proletariersport Fußball gehörte mittlerweile einer Gesellschaft, die sich zusammensetzte aus Funktionären, Millionären und Schmeichlern. Eigentlich lud das Land zu einem Fußballturnier ein. Tatsächlich besetzte es ein Funktionärszirkel namens FIFA[62]. Deren Bosse bestimmten, ob die Fans deutsches oder amerikanisches Bier trinken durften, ob Fuhrparks Mercedes-Autos hatten oder andere Marken. Die keiner demokratischen Einrichtung verantwortlichen Bosse sagten Veranstaltungen selbstherrlich ohne Begründung ab und forderten majestätisch den Umbau altbewährter Stadien. Auf den Straßen wollten sie für sich VIP-Rennspuren, wie sie noch nicht einmal angelegt wurden, als der Diktator Hitler einst seinen Kollegen Mussolini vom Bahnhof Berlin-Heerstraße abholte. Vermessen ließ sich einer ihrer Funktionäre gar „Kaiser" nennen. Und es gab genügend Volk, das sich das nicht nur alles gefallen ließ und es auch noch bezahlte.

Im Stadion hatten die VIPs ihre Bereiche mit Security, Häppchen, eleganten Kellnern, weißen Decken. Unten turnten

---

62 FIFA = „Féderation Internationale de Football Association" / Internationaler Fußballverband

verwöhnte Spieler, die – wenn sie in die Medienwelt passten – dereinst aufrücken könnten in die noch höhere VIP-Welt. In den Blöcken saßen Fans – misstrauisch beobachtet. Sie waren da, um Kulisse und Flair zu liefern für die VIPs, alles ein wenig authentisch und proletarisch zu gestalten – aber bitte auf Distanz!

In Berlin wollten sie sich den ansonsten angeblich altmodischen innerstädtischen Flughafen Tempelhof sichern. Dort sollten die Sponsoren und Funktionäre ankommen, gleich über die Stadtautobahn ins Olympiastadion rasen, um sich dort in der VIP-Lounge an Köstlichkeiten zu stärken und dabei das Gefühl zu genießen, inmitten des Volkes aber doch abgesichert prassen zu können. Neben dem Stadion wurde ihnen obendrein eine VIP-Zeltstadt aufgebaut.

Die Fans genannten Proleten dagegen reisten über Schönefeld hinter dem Stadtrand an, wurden im Stadion wie das liebe Vieh in ihre jeweiligen Blocks getrieben. Dort konnten sie das Freiheitsgefühl genießen, von mit Hunden, Schusswaffen und mit Handschellen bewaffneten Polizisten beäugt zu werden. Dem Innenminister bahnte sich derweil eine Gasse im VIP-Raum, und er freute sich als Demokrat darüber, dass die NATO[63] mit ihren Avecs-Fliegern gleichermaßen über VIPs und Prolos kreiste. Es waren doch alle gleich…

Als Sepp Herberger und Fritz Walter Weltmeister geworden waren, fuhren sie mit der Bahn von Station zu Station und zeigten sich dem Volke. Erst einige Tage nach dem „Wunder von Bern“ empfing der Bundespräsident Theodor Heuss die

---

[63] NATO = „North Atlantic Treaty Organization“ / Verteidigungsbündnis.

Mannschaft, für die es eine Ehre war, zu ihm kommen zu dürfen. 2006 war es eine Ehre für jeden Politiker, sich mit Spitzenverdienern gemein machen zu dürfen und dabei vielleicht sogar in die VIP-Blase aufgenommen zu werden. Dafür mussten es die verwöhnten Fußballer selber nicht unbedingt schaffen, Weltmeister zu werden.

Überall – nicht nur im Fußball – hatten Privilegierte sich Plätzchen geschaffen, an denen sie es sich gut gehen lassen konnten. Sie glaubten wirklich, sie seien wichtig. Dabei waren sie doch Sponsoren, die einen Teil jenes Geldes wieder herausgaben, das sie dem Volke mit ihren Geschäften abgeknöpft hatten.

Die Privilegierten schotteten sich ab. Dazu hatten sie eigentlich auch allen Anlass: Die Not im Lande wurde größer. Alleinerziehende mussten knapsen, Arbeitslose mit ihrem Schicksal fertig werden und kranke Alte sich in Heimen Entwürdigungen gefallen lassen. Damit hatte die VIP-Gesellschaft jedoch nichts zu tun. Daran zu denken, hätte ihnen die Laune verdorben.

War das noch Demokratie, in der die Einen es sich wohl ergehen lassen konnten, während einer großen Zahl anderer die Menschenwürde allmählich entzogen wurde?

War das Demokratie, in der eine eingebildet-„elitäre" Minderheit medial aufgemotzt wurde, aber tausende Leistungsträger draußen vor bleiben müssen? Dabei verstanden die Facharbeiter in den Autofabriken, die Musiker in den Orchestern oder die Erzieher in den Kitas von ihrem jeweiligen Fach oft mehr als die Funktionäre und Sponsoren vom Wesen des ihnen zur Vergnügung dienenden Events.

Es war eine neue Klassengesellschaft entstanden, bei der die Oberen keine leistungsstarken Eliten waren, sondern austauschbare Medienfiguren. Die Unteren wurden immer zahlreicher und machten das Spiel mit. Für das Unterhaltungsbedürfnis der meisten von ihnen reichte es aus, auf den roten Teppich zu starren und Glamourfiguren zu sehen, deren Status sie nie erreichen würden.

Niemand war in der Lage, das Schiff zu navigieren. Alle trieben dahin ins Ungewisse. Das Arbeitslosenheer wurde größer, die Geburtenrate blieb gering, das Gesundheitswesen war nicht zu finanzieren, der Osten Deutschlands entleerte sich, und immer mehr Menschen fielen dem Sozialstaat zur Last. Derweil jagte in der Hauptstadt eine hippe Party die andere, wurde das Land überzogen mit Events.

Wer das kritisierte, wurde als Neider abgestempelt.

Da kamen ein paar alte 68er unter Gerhard Schröder. Sie erdachten die Hartz-Reformen, setzten sie durch und störten die neue Klassengesellschaft.

Ein retardierendes Moment?

Etwas komplizierter

In der Erinnerung wird vieles übersichtlicher. Nach dem Mauerfall war es der heldenhafte Protest der Menschen in der DDR, der die Wende brachte. Da kam die Analyse eines ehemaligen Bundeskanzlers nicht gut an, wenn er behauptete, alles hätte seinen Ursprung im Misserfolg der UdSSR gehabt.

Im Fernsehen wurden glückliche Menschen von damals gezeigt, die aus dem Osten in den Westen kamen und „Wahnsinn!“ riefen.

Einige Politiker galten mittlerweile als Mütter oder Väter der Einheit. Dabei hatten viele von ihnen vor dem Beschluss der Volkskammer, der Bundesrepublik beizutreten, an Plänen gebastelt, Deutschland für die Zukunft zweistaatlich zu organisieren.

Dass 1989 friedlich ablief, war tatsächlich ein Wunder. Aber was eigentlich war das Wunder? Dass es in der DDR-Bevölkerung eine Opposition gab, die immer zahlreicher, aber nicht gewalttätig wurde, dass die Menschen dieser Opposition mutig waren? Oder war es das Wunder, dass die „bewaffneten Organe“ – also Volkspolizei, Volksarmee und Rote Armee – keinen einzigen Schuss abgaben?

Die Legende besagt, die „Helden von Leipzig“ wollten Freiheit. Sie riefen: „Wir sind das Volk!“ Aber sie drohten auch: „Wenn die D-Mark nicht zu uns kommt, gehen wir zu ihr.“ Daraus entstand ein Witz: Nicht wegen der Freiheit haben die Ostler in den Westen gewollt, sondern wegen „Bananen, Video und VW“.

Mittlerweile scheint vergessen zu sein, dass viele Menschen in Westdeutschland die Vereinigung Deutschlands gar nicht wollten. „Doitschland halts Maul!“ wurde an die Wände gesprayt, und das Bürgertum in Düsseldorf oder München fürchtete sich vor einer „Verostung“. Derweil bangten manche Funktionäre in der DDR um ihren Status und fragten im Westen an, wie es mit Verbeamtungen aussähe.

Viele DDR-Bürger sorgten sich um die Zukunft ihrer Kindergärten, Polikliniken und Arbeitsplätze. Dennoch verlor die SPD mit ihrem Kanzlerkandidaten Oskar Lafontaine – all die

Bedenken gegen die deutsche Einheit artikulierend – die Bundestagswahlwahl.

Viele im Ausland waren ohnehin nicht begeistert. Der französische Staatspräsident machte eine Inspektion der ihm noch unterstellten Gebiete jenseits des Rheins; die britische Premierministerin bekämpfte die deutsche Einheit offen, und viele andere Europäer hofften insgeheim, die Bundesrepublik werde sich an der Sanierung der maroden DDR kaputtzahlen.

Die Sowjets wollten gestalten, was doch nicht zu verhindern war. Schließlich sagten die Amerikaner „Yes" zu Gesamtdeutschland. Sie hatten eben das Sagen.

Nebenbei behaupten einige, das sich vereinigende Berlin habe in jener Zeit „richtig geprasst". Doch auch das stimmt so nicht. Es gab auch 1989 Menschen, die konnten 1 und 1 zusammenzählen. So rechnete man aus dem Hause des Wirtschaftssenators Peter Mitzscherling von der SPD vor, dass es 1989 in West-Berlin 940.000, in Ost-Berlin 850.000 und in Brandenburg 400.000 Beschäftigte gäbe und dass hiervon jeder vierte infolge der Vereinigung arbeitslos werden würde. Also mindestens würde es zu 500.000 Arbeitslosen in der Region kommen: Das war eine unangenehme Botschaft! Zwar kam aus dem Westen Deutschlands eine andere Meinung: Berlin werde boomen wie New York. Aber die Berliner selbst erkannten bald, dass ihnen die Hauptstadtambitionen ausgeredet werden sollten. Eberhard Diepgen, der seinerzeitige Regierende Bürgermeister, warnte: „Wenn Berlin nicht Hauptstadt wird, geht die Stadt vor die Hunde!"

Dennoch war 1989 ein Geschenk. Wer hätte je gedacht, dass der einstige Wunsch der Insulaner in Erfüllung gehen würde und die „Insel wieder 'n schönes Festland wird"? Ach, ist das schön ...

Und mit 68 hatte das alles wenig zu tun.

Political Correctness und 68er

Ein halbes Jahrhundert verging. Vor 68 war Deutschland formal eine Demokratie. Alle vier Jahre wurde gewählt, und eine hohe Wahlbeteiligung galt als Bestätigung des Systems. Nach dem Inferno des Nationalsozialismus benahmen sich die Westdeutschen gut; die Ostdeutschen mussten sich mit der sowjetischen Besatzungsmacht arrangieren. In Westdeutschland sagte der alte Häuptling, wo es lang ging. Wenn es sein musste, wurden Männer sogar wieder in Uniformen gesteckt, und eine neue Armee war geschaffen. Im Bundestag wurde alles Öffentliche geistreich debattiert; das Verfassungsgericht setzte hier und da Grenzen, und Papa Heuss gab den Weihnachtsmann. Zur Sicherheit wurde dieser westdeutsche Kindergarten von drei aufgeklärten Erziehern – den Alliierten – überwacht.

Am wichtigsten aber war, dass es wieder Essen gab, dass Kühlschränke, Waschmaschinen und Autos erschwinglich wurden. Auch Reisen in die Lüneburger Heide, an die See, nach Bayern und später nach Italien waren Ausdruck der gewonnenen Freiheit.

Und im Fußball konnte die Welt sehen, wozu die Deutschen taugten.

Dann kam eine neue Generation Alternativer. Sie wollte mitbestimmen, nicht mehr alles so machen wie früher. Einige setzten sogar auf Gewalt; sie blieben in der Minderheit. Wenn irgendwo geplant, gerodet oder gebaut wurde, bildeten sich

Bürgerinitiativen, die Anliegen unmittelbar Betroffener repräsentierten. Neben staatliche Behörden traten NGOs[64] auf. In der großen Politik zählten nicht mehr nur Mehrheiten, sondern ebenso die Bürgerbeteiligungen. Es wurden auch die Erzieher von einst – die westlichen Besatzungsmächte – unter die Lupen genommen. Der zuvor vom Sockel gestoßene Karl Marx wurde wieder aufgerichtet.

Vielleicht hatte er doch etwas zu sagen?

Es ging weiter. Feminismus bedeutete mehr als formale Gleichheit von Mann und Frau, wie es im Grundgesetz steht. Nun hieß es: Frauen bildeten die Hälfte der Bevölkerung, also sollten sie auch die Hälfte der Führungspositionen besetzen. Jedem stand zudem das Recht auf Würde zu – Männern und Frauen, Hetero-, Homo- und Bisexuellen, allen Rassen, Alten und Jungen. – Für all das steht ein neuer Begriff der „Identität".

Es wurden Sprachkorrekturen gefordert. Das Wörtlein „man" wäre zu streichen, das große „I" und das „*" Sternchen wären einzuführen. Es kam der Druck zur PC[65], auf. Man meinte, Wahres und Unwahres unterscheiden zu können.

Hatten die 68er so etwas gewollt? Man weiß es nicht. Sie können 50 Jahre später nichts mehr bewirken. Einst hieß es: „Macht kaputt, was Euch kaputt macht!" Aber wer sollte wieder zusammenfügen? Dafür gibt es kein Konzept. 68 ist vorbei, und wer sich 50 Jahre später darauf beruft, nennt sich vielleicht 68er, ist aber womöglich gar keiner.

64 NGO = „Non-governmental Organization" / Nichtregierungsorganisation.

65 PC =„Political Correctness"/ = politische Korrektheit.

Im „18. Brumaire des Louis Bonaparte“ behauptet Karl Marx, dass „alle großen weltgeschichtlichen Tatsachen und Personen“ sich „zweimal ereignen“: „das eine Mal als große Tragödie, das andere Mal als lumpige Farce“. Mit dieser Weisheit knüpfte der Meister an Hegel an.[66]

Die große Tragödie in der jüngsten deutschen Geschichte ist der Nationalsozialismus. Aus der entwickelten politischen Kultur der Weimarer Republik war ein Regime der Willkür, des Staatsterrors und des Völkermords hervorgegangen. Nach der Befreiung wollten die Gründerväter der Bundesrepublik dafür sorgen, dass sich ähnliches nicht wiederhole. Im Grundgesetz wurden die Kompetenzen des Staatsoberhauptes gestutzt. Die Rechte des Parlamentes wurden gestärkt. Der Kanzler sollte die Richtlinien der Politik bestimmen. Das Wirken der Parteien wurde als „Parteienprivileg“ verankert. Über alles sollte das Bundesverfassungsgericht als „Hüter der Verfassung“ richten.

Die neue Demokratie funktionierte formal. Sie brachte Wohlstand und Sicherheit. Die Tragödie wiederholte sich nicht, weil es der ersten Bundesregierung in den fünfziger Jahren gelungen war, nachzuweisen, dass die Partei SRP neonazistisch war und das Verbot auf dem Fuße folgte. Die Tragödie wiederholte sich auch deshalb nicht, weil die Volkspartei CDU/CSU mit ihrer Politik in den sechziger Jahren der erstarkenden NPD das Wasser abgrub.

---

[66] Karl Marx, Der 18. Brumaire des Louis Bonaparte, Berlin 1960, S.9

Die rechtsextremen Parteien wurden lange klein gehalten, denn über ihnen hing das Damoklesschwert des Parteienverbots und obendrein begrenzten die handelnden politischen Parteien durch ihre Politik die Chancen der Rechten.

In den neunziger Jahren und im neuen Jahrhundert blieb das vereinte Deutschland ebenfalls entfernt von einer Wiederholung der Tragödie – auch dank des Regelwerkes im Grundgesetz. Während Rechtsextreme in anderen europäischen Ländern in nationale Parlamente einzogen, schafften es weder die Republikaner, noch die DVU, noch die NPD[67] in den Bundestag.

Hochgespielt wurden die Rechtsparteien damals schon. Das hatte damit zu tun, dass es in Rostock, Hoyerswerda, in Solingen und andernorts zu schlimmen Ausschreitungen aus rechten Szenen kam, während zugleich damalige Rechtsparteien in einige Landtage gewählt wurden. Dass das politische Gewicht der Rechtsparteien höher eingeschätzt wurde als zuvor, hing damit zusammen, dass sich die Rechten des Themas Arbeitslosigkeit bemächtigten.

Aus Hilflosigkeit heraus wurden in dieser Lage Funktionäre der DVU und der NPD als „Nazis“ oder „Neonazis“ tituliert. Welch eine Verniedlichung der Terrororganisationen NSDAP, Gestapo- oder SS[68] war das! Welch eine Missachtung ihrer Opfer, millionenfacher Toter darunter, steckte dahinter, dass grölende Glatzköpfe und phrasendreschende Landtagsabgeordnete mit den Himmlers, Heydrichs und Goebbels gleichgesetzt wurden! Wie grundverschieden, ja gegensätzlich, waren

67 „Republikaner“, DVU, NPD = deutsche Klein- und Rechtsparteien.

68 NSDAP, Gestapo, SS = Organisationen der Nationalsozialisten.

die Rahmenbedingungen der durch das Hinzukommen der DDR größeren Bundesrepublik einer- und des verbrecherischen NS-Staates andererseits! Zwar war es nicht das persönliche Verdienst von NPD- oder DVU-Funktionären, dass sie keine Nazis waren. Aber die Zeit und die Gesellschaft erlaubten es ihnen glücklicherweise nicht.

Das Aufblasen Rechtsextremer zu Nazis oder zu Neonazis ermöglichte es den politisch Korrekten, sich als Antinazis hinzustellen – im Unterschied zu 1933 ganz ohne Gefahr.

Viele von ihnen waren selbstgerecht genug, zu glauben, sie hätten sich auch 1933 dem Terror entgegengestemmt. Dabei konnte und musste keiner den Beweis antreten, dass er ein Otto Wels oder ein Graf Schenk von Stauffenberg gewesen wäre. Niemand der Nachgeborenen sollte sicher sein, ob und wie er (oder sie!) 1933 und danach Courage gezeigt hätte. Die Nachgeborenen sollten froh sein, dass ihnen diese Probe erspart blieb!

Leider setzten viele die Antinazi-Attitüde fort, als mit der AfD[69] eine neue Rechtspartei in den Bundestag einzog und dort sogar stärkste Oppositionsfraktion wurde.

Die Rituale der gefühlten Antinazis tragen jedoch Züge einer Farce. Man sollte wissen, dass die AfD eine politische Partei im Sinne des Artikels 21 des Grundgesetzes ist. Die AfD ist nicht verboten und wurde von einer großen Zahl von Bundesbürgern gewählt. Sie ist – leider – eine zugelassene Partei. Oft verweigern die Gegner den missliebigen Rechten Räume und

---

[69] AfD = „Alternative für Deutschland" / Rechtspartei

erheben sich damit über das Verfassungsgericht und das Parteienprivileg. Sie bezeichnen die AfD als die „Neuen Nazis" und tun das, weil das einfacher ist als eine wirkungsvolle Debatte gegen den politischen Populismus zu führen.

Einige der neuen Antinazis sind so schlau, dass sie zu Veranstaltungen Rechtsextremer Gegendemonstrationen anmelden. Dann proklamieren sie, so etwas gefährde die Sicherheit und deswegen müssten die Veranstaltungen untersagt werden. Wieder andere begeben sich in moralisch höhere Regionen und drücken ihre gute Gesinnung aus, indem sie „braunen Dreck" nach irgendeiner Veranstaltung der Rechtsradikalen wegfegen.

Schöne Demokraten sind das! Sie fuchteln gegen die Rechten und genießen ihre eigene Selbstgerechtigkeit. Dabei heißt Demokratie, sich politisch und argumentativ auch mit ihren Gegnern auseinander zu setzen. Denn wer die Rechte der Demokratie besitzt, muss sie auch wahrnehmen können, und es ist nicht in das Belieben anderer gestellt, diese Rechte zu gewähren oder abzuerkennen.

Bürger können sich das Recht auf Freiheit nicht gegenseitig absprechen. So etwas würde zur Unfreiheit aller führen. Damit es dazu nicht kommt, bedarf es eines Parteienstreits. CDU/CSU, SPD, die Grünen, die Linken und die FDP haben die Pflicht, darzulegen, was verwerflich ist an der AfD.

Zweifellos: Die AfD hat sich seit ihrer Gründung und dem Einzug in den Bundestag radikalisiert. Extrem rechte Mitglieder gewinnen an Macht und „Gemäßigte" verlieren ihren Einfluss. Dass die Wähler der AfD das erkennen, müssen die anderen Parteien argumentativ bewirken. Sie sollten wirksame Gegenkonzepte vorlegen, mit denen sie bisherige AfD-Wähler an sich binden können. Das muss ihr Bemühen sein.

Und der Ort der argumentativen Auseinandersetzung ist das Parlament. Dort gegen die AfD zu debattieren und zu handeln, wäre inhaltsreiche Politik auch im Sinne der 68er.

Ändert sich die Welt?

Am 11.September 2001 geschah eines jener Ereignisse, die das politische Bewusstsein der Menschen prägten. Damit änderte sich die Welt wieder einmal.

Das Datum 11. September 2001 war einschneidend wie der 13. August 1961, der Tag des Mauerbaus. Wieder hatte man das Gefühl, die Menschheit halte den Atem an. So war das auch am 22. November 1963, dem Tag als John F. Kennedy ermordet wurde. Und von der 68er-Revolte hatte man Ähnliches erwartet. Solche Ereignisse haben weltgeschichtliche Aura. Meist lösen sie Ängste aus, seltener Freude und Euphorie.

Wie ändert sich die Welt an Tagen mit weltgeschichtlicher Aura? Der 11. September 2001 beispielsweise wirkte wie die Kriegserklärung der ärmeren, fundamentalistischen gegen die reichere, liberal-demokratische Welt. Auch im neuen Jahrtausend war die Zivilisation gefährdet. Waren es vorher politische Religionen wie Kommunismus und Nationalsozialismus, die Menschen in die Gaskammern, in die Gulags, auf die Schlachtfelder und dort in den Tod trieben, so schienen es im neuen Jahrtausend religiös verbrämte politische Ideologien zu sein, aus denen Terror entstand, der Menschenleben kostete. Es war Terror gegen Toleranz, gegen eine offene Welt – gegen jede

Form aufgeklärter politischer Kultur. Es war auch Terror gegen die kulturelle Welt der 68er-Revolte. Es war nicht nur moslemisch motivierter Terror: In Nordirland jagten erbarmungslose Christen heulende Schulkinder aus purer Rechthaberei durch eine Gasse der Gewalt und Bösartigkeit. Das geschah im Namen der Konfessionen einer Religion. Es war nach 68.

Auf dem Balkan verjagten sie sich gegenseitig, mordeten und vergewaltigten im Namen unterschiedlicher Nationen und Religionen. In ihrem Bemühen, dem Einhalt zu gebieten, verstrickte sich die westliche Welt derweil in einem Dickicht von Hass, Egozentrik und Unerbittlichkeit – alles nach 68!

Im Nahen Osten kämpften Juden und Araber alttestamentarisch um ihr Land, „Auge um Auge, Zahn um Zahn". Das Tempo bestimmten religiös aufgeputschte Fundamentalisten. Sogenannte Gottesmänner säten Hass in die Seelen „heiliger Krieger". Auf der anderen Seite pochten Orthodoxe unerbittlich auf alleinigen Besitz von Wahrheit, Recht und Moral. In den Lagern der Palästinenser wuchsen seit Generationen das eigene Leben und das anderer verachtende Selbstmordkrieger heran.

Seit die Flugzeuge in Amerika mitsamt ihren zu Gefangenen gewordenen Passagieren und ihren selbstmörderischen Entführern in die Twin Towers gerast sind, ist in der westlichen Welt das Urvertrauen in die Sicherheit ihrer Zivilisation dahin. Was sich diese Zivilisation in ihrer hemmungslosen Unterhaltungswut als virtuellen Nervenkitzel schon ausgedacht hatte, war wie nach dem Prinzip der „self fulfilling prophecy" Wirklichkeit geworden. Es war wie in den von Hollywood ausgedachten Horror-Filmen – und doch schlimmer: Die Wolke von

Staub und Rauch blieb wie ein infernalischer Stempel über der Superstadt kleben, als bezeugte sie das jüngste Gericht. Wer kann sich ausmalen, welches Elend und welche Qualen die unter den Trümmern Begrabenen erlitten hatten?

Es scheint, als komme das Dunkle aus dem Hellen, der Terrorismus aus der Zivilisation. Einige der Attentäter von New York und Washington hatten sich in den USA ausbilden lassen, einer hatte in Hamburg auf den Einsatz gewartet. Unter anderem in Boston – der Wiege der amerikanischen Demokratie – hatten sie sich eingecheckt. Sie nutzten die Hightech der modernen Welt, um eben dieser einen Stoß zu versetzen.

Diese Terroristen spielten virtuos auf der Klaviatur der modernen Medienwelt, in der Bilder und Symbole zählen. New York und Washington, die damaligen Metropolen der wirtschaftlichen, politischen und militärischen Vormacht des Westens, wurden angegriffen. Mit dem Schlag gegen die Handelstürme wurde die Traumkulisse Manhattans in einen Alptraum verwandelt. Und als hätten die Attentäter noch dabei Regie geführt: Die Fernsehstationen dieser Erde wiederholten die apokalyptischen Bilder wieder und wieder.

Der damalige Präsident der USA sprach von einem Krieg des Guten gegen das Böse. Das Gute würde gewinnen. „Wer nicht für uns ist, ist gegen uns." Das erinnert an das Western-Schema. Dabei definiert sich das Böse durch das Gute und umgekehrt. Für das Böse selber ist Amerika der Feind schlechthin, der Weltenverderber. Auf der anderen Seite braucht das sich als gut Definierende offenbar das Böse, sonst verlöre es die Orientierung. Nach dem Untergang des Ostblocks und dem Verlust des alten Bösen schien ein neues Feindbild wieder da zu sein.

Es sah so aus, als ob es der moslemische Fundamentalismus wäre. Doch der drehte das Weltbild um. Für ihn wurden die USA das Böse.

Historische Ereignisse lehren: Die Menschen meinen zwar, dass sich etwas ändern werde, aber ihre Erwartungen gehen oft in die falsche Richtung. Beim Mauerbau dachten viele, Berlin, Deutschland und Europa würden auf ewig geteilt bleiben. Dabei war der Bau der Mauer der Anfang vom Ende der Teilung. – Als John F. Kennedy ermordet wurde, sah das Publikum die amerikanische Demokratie gefährdet und den Rassismus auf dem Vormarsch. Der Rassismus wurde in den USA immerhin formal geächtet, und Amerika ist vorübergehend stärker geworden.

Der 11. September wird nicht vergessen werden. Die an diesem Tage deutlich gewordene Fragilität der Zivilisation bleibt bewusst. Nach 68 hatte sich die Welt ebenfalls ein wenig geändert. Man wusste von da an, dass Gesetze und Regeln nicht ausreichen, eine Demokratie zu stabilisieren. Es muss auch Menschen geben, die die Demokratie wollen und sie mit Inhalten füllen. Vielleicht hat auch Amerika nach dem 11. September fortbestanden, weil es das – wenigstens vorübergehend – beherzt hatte. Vielleicht ist diese Erkenntnis nach einem Intermezzo in die USA zurückgekehrt.

Don't touch the colours[70]

Für den west-berliner Neuparlamentarier war das ein unerwartetes Verbot. Er befand sich in einem britischen Offiziersclub.

---

70 S. Jürgen Dittberner, Der Venezianische Löwenbrunnen in Berlin, a.a.O., S. 9 f

Die Luft war geschwängert von süßlichem Tabaksduft– und edlem Whisky. Die deutschen Gäste waren umgeben von höflichen Herren in hellbraunen Uniformen mit Orden und breiten Gürteln um die Taillen. Die Berliner waren geladen zum Empfang in einem distinguierten Raum, wo an einer Stelle eine Fahnenstafette prangte: Da waren neben anderen die Flaggen des gastgebenden Staates, also der „Union Jack" und auch die Berliner Fahne zu sehen. Die bunten Tücher hingen schlaff von schräg aufgestellten Stangen herab.

Im Gespräch ließ der junge Abgeordnete das Ende der britischen Fahne spielerisch durch seine Finger gleiten.

Der Small Talk stoppte jäh.

„Don't touch the colours!", donnerte eine Militärstimme.

Diese Ermahnung war nicht gerade ein Kulturschock, aber ein Zeichen dafür, dass das Leben in einem britischen Regiment anderen Werten folgte als das im 68er Milieu der in Deutschland gerade aufsteigenden Mittelschicht.

„Colours" hatte der Brite gesagt und „Flagge" gemeint. Flaggen blieben fortan vom Deutschen unberührt, hatten einen Heiligenstatus angenommen – fast wie ein Kreuz auf einem Altar. Es dämmerte dem jungen Mann, dass auch Hymnen und Paraden für Menschen von anderswo keine inhaltsleeren Zirkusnummern waren, sondern dass ihnen etwas Ernsthaftes innewohnen müsse. Auch andere als die Briten würden es wohl ähnlich sehen.

Könnte es sein, sinnierte der junge Deutsche, dass in der geteilten Stadt Berlin fremde Truppen stationiert waren, die manchem nicht nur mit Kanonen und Gewehren imponierten, sondern auch mit Fahnen, Hymnen oder Aufmärschen? Und könnte es sein, dass die Einheimischen dieses gar nicht durchschaut hatten und nicht wirklich wussten, warum man sie hier auf der „Insel der Freiheit" weitgehend in Ruhe ließ?

Der Besucher ahnte damals im Offiziersclub nicht, dass es noch lange dauern würde, bis ihm die Empfindungen der Sieger von 1945 halbwegs verständlich geworden waren. Hatten doch die 68er gelehrt, dass Fahnen eigentlich leeres Tam-Tam seien. Allerdings gab es schon damals eine Ausnahme: die „Rote Fahne" …

Pandemie

Hätte 1968 die Corona-Pandemie geherrscht, wäre dann alles anders gekommen?

Die Frage ist müßig: 1968 herrschte keine Pandemie. Dafür wurden demokratische Proklamationen mit Inhalten gefüllt. Statt materieller Werte wie Konsum rückten ideelle Werte wie Mitwirkung in den Vordergrund. SPD und FDP besannen sich auf gemeinsame liberale Wurzeln im 19. Jahrhundert. Dann entdeckten die Grünen den Umweltschutz. Als ihr das alles zu weit ging, versuchte die Union an alte Zeiten anzuknüpfen. Das aber schaffte sie nicht. Die Weltordnung veränderte sich. Der Ost-West-Gegensatz löste sich auf, und das gemeinsame Europa bekam einen neuen Schub. Die alten Regeln funktionierten nicht mehr. Immer mehr Menschen in Deutschland wurden arbeitslos. Ironischerweise war es ein Sozialdemokrat – Gerhard Schröder – der den Sozialstaat reformierte und damit die Tür aufstieß zu einer neuen Phase des Wohlstands. Unter formeller Führung einer CDU-Kanzlerin konnte Neues begonnen werden: Der Klimawandel kam auf die Agenda der Politik und sollte eingedämmt werden. Der Atomstrom wurde geächtet. Schließlich ließ das Land eine Völkerwanderung aus ärmeren Gegenden der Welt zu und öffnete seine Grenzen.

Neue Einsichten in gesellschaftliche Zusammenhänge setzten sich durch. Geschlecht, Rasse und sexuelle Orientierung wurden nach entsprechenden Anstößen in den USA als diskriminierende Kategorien entlarvt. Die Sprache wurde als Mittel der Klassifizierung von Menschen diagnostiziert. Die Propagierung einer daraus fließenden Ethik der politischen Korrektheit wurde betrieben. Dafür fanden sie mehr und mehr Zustimmung.

Die Pandemie seit 2020 stellte all dies auf den Prüfstand. Dabei entscheiden nicht mehr nur die Vorstandsetagen, wie es weiter gehen soll, sondern die Umstände schaffen selber Fakten. Und – seit 68 ist klar – vieles hängt von den Menschen und ihren Einstellungen ab, wo es jetzt hingeht.

Gewiss wird die wirtschaftliche Konzentration steigen, wird der Wert der Individualität sinken und der des Sozialen stärker, werden nationale Eingrenzungen uneffektiver. Verkehr und Tourismus werden sich ändern,[71] und die bürgerlichen Freiheitsrechte müssen neu definiert werden. Möglicherweise wird nicht länger die Individualität der Menschen im Mittelpunkt aller Kultur stehen, sondern es wird deren persönliche Sicherheit sein. Die alten Ideologien – Konservativismus, Sozialismus und Liberalismus – werden sich wohl neu definieren, und es ist nicht sicher, dass die traditionellen politischen Parteien diese Aufgabe leisten können. Seit 68 schließlich sind die

---

[71] S. Jürgen Dittberner, Stolps Reisen, a.a.O.

Bürger wach, und sie werden mitentscheiden wollen. Alles wird neu justiert.

Auch wegen 68 ist das möglich.

Es gibt auf der Welt politische Systeme, die nach der Pandemie vorherige Zustände wiederherstellen wollen. Wo es aber eine APO gegeben hatte, kann das nicht gelingen. Das ist eine Gefahr, aber auch die Chance. Die Gefahr ist der Abfall in einen allgemeinen Populismus. Die Chance ist es, eine höhere Stufe der politischen Kultur zu erklimmen.

Dahlem als Epizentrum im Westen

Deutschland war schon wieder vereint. Flüchtlinge waren noch nicht massenhaft hereingeströmt. Der Klimawandel war schon diagnostiziert, und der Atomstopp noch nicht beschlossen. Da saß ein höherer Beamter im Potsdamer Dienstzimmer des Ministerpräsidenten des neuen Bundeslandes Brandenburg. Es ging um eventuelle frühere Stasi-Aktivitäten des Beamten, der aus dem mittlerweile vereinten Berlin dorthin gewechselt war.

Auf dem großen Tisch des Regierungschefs lag ein Brief aus Berlin. Anhand alter Akten hatte eine nunmehrige Überprüfungsbehörde erkundet, ob und wie der Berliner für die Staatssicherheit der DDR gearbeitet hatte. Beim Anblick des Briefes war dem Ministerpräsidenten, diesem alten Fahrensmann, Respekt anzumerken. Er öffnete den Brief, las schnell und sagte, es läge nichts vor. Dabei sprach er sehr leise. Er flüsterte fast.

Der Berliner fand, dass dieser Mann, der aus der DDR kam, kein durch die 68er-Jahre Sozialisierter war. Bestimmt ist der niemals ein Freund der Stasi gewesen. Aber der Spruch „Macht kaputt, was Euch kaputt macht!", wäre ihm angesichts der Stasi niemals in den Sinn gekommen.

Die APO war eben eine westliche Bewegung gewesen, und es passte gut dazu, dass sie ihr Epizentrum an einem Ort hatte, der intellektuell westlicher nicht hätte sein können.

Dahlem hat zweifellos die Welt beeinflusst. Aber: Dahlem ist nicht der Nabel der Welt.

Evaluation und Abwicklung[72]

„Evaluation" und „Abwicklung" waren Ende 1990 existenziell für die Hochschulen der der Bundesrepublik beigetretenen DDR. Im Zuge der deutschen Vereinigung hatte der Wissenschaftsrat den Auftrag erhalten, die Hochschulen der verblichenen DDR auf ihre fachliche und politische Qualität hin zu überprüfen. Die Prüfungsergebnisse waren Empfehlungen an die Regierungen der aus der DDR heraus entstandenen Bundesländer[73].

In Brandenburg wurden die Potsdamer „Akademie für Staats- und Rechtswissenschaft", die sich nach der Wende „Hochschule für Recht und Verwaltung" nannte, auf Beschluss der Landesregierung geschlossen. Politik- und Rechtswissenschaft wurden abgewickelt. Der Minister, sein Staatssekretär und der Abteilungsleiter des zuständigen Ministeriums erschienen leibhaftig in Potsdam-Babelsberg, wo Studenten und

[72] S. Jürgen Dittberner, Berlin Brandenburg und die Vereinigung. Und drinnen tobt das pralle Leben! Eine Innenansicht, Berlin 1994, S.172 f

[73] Die „neuen" Länder waren: Thüringen, Sachsen, Sachsen-Anhalt, Mecklenburg-Vorpommern, Brandenburg und Berlin (Zusammenschluss von Ost - und West-Berlin).

Mitarbeiter in einem überfüllten Hörsaal auf sie betreffende Nachrichten warteten.

Der Staatssekretär stammte aus Berlin und erwartete ähnliche Begebenheiten, wie er sie aus der APO-Zeit an der FU kannte. In Babelsberg wiederholten sich die Happenings von einst jedoch nicht. Der Minister verkündete das Aus, und es brach kein Sturm der Entrüstung los.

Der Bericht über das Ende wurde schweigend entgegengenommen, und die folgenden Fragen bezogen sich auf die weiteren beruflichen Perspektiven Betroffener: der Sekretärinnen, der Übersetzer und endlich der Studenten selbst. Dem Staatssekretär schoss es durch den Kopf: „Hier hatte es keine APO gegeben."

Dahlem-Dorf und Currywurst

Dahlem 50 Jahre später. Wie in jedem Jahr lädt die Freie Universität Berlin zur Goldenen Promotion. Diesmal sind die Doktoranden aus dem Sommersemester 1969 an der Reihe. Die lockere Vorstadtbebauung von einst ist geblieben. Die U3 kommt immer noch vom Wittenbergplatz regelmäßig zum U-Bahnhof Dahlem-Dorf, wo man durch ein denkmalgeschütztes Fachwerkgebäude ins Freie tritt. Der Bahnhof gilt als einer der schönsten in Europa, und kein Geringerer als Kaiser Wilhelm II. hatte den ländlichen Charakter des nachgebauten Gutshauses angeordnet. Am 12. Oktober 1913 ging der Bahnhof in Betrieb.

In dieser ländlichen Idylle befanden sich 2019 nach wie vor Institute der FU. Diesmal verließen zahlreiche Senioren den gelben Zug. Die meisten hatten ihre Ehefrauen dabei. Einige gingen am Stock; fast alle trugen altertümliche Hüte. Gemächlich schlenderten sie durch eine Parklandschaft einem Festraum zu, in den man sie eingeladen hatte. Eigentlich war das ein kleiner Hörsaal. Hier waren zahlreiche Ehemalige versammelt, alle promoviert.

Der Präsident der Universität hielt eine Ansprache und berichtete, die FU wäre seinerzeit eine Massenuniversität gewesen. Heute sei die Zahl der Studierenden reduziert, und die FU wäre nun eine Exellenzuniversität.

Dann wurden die alten Doktoren aufgerufen, alle nacheinander. Sämtliche Fakultäten waren vertreten, und es gab welche, die hatten zu APO-Zeiten gar keine Promotionsfeier gehabt. Dass nun – 50 Jahre später – doch eine stattfand, kam ihnen lustig vor. Überhaupt war es wie auf einem Veteranentreffen. Von revolutionärem Flair war nichts zu spüren.

Später, auf dem U-Bahnhof trafen sich viele dieser Veteranen. Einer fragte:

„Woll'n wir zum Kudamm fahren und Currywurst essen? Wie damals!“